포기할까 했는데 아직 3라운드

김남훈

포기할까 했는데 아직 3라운드

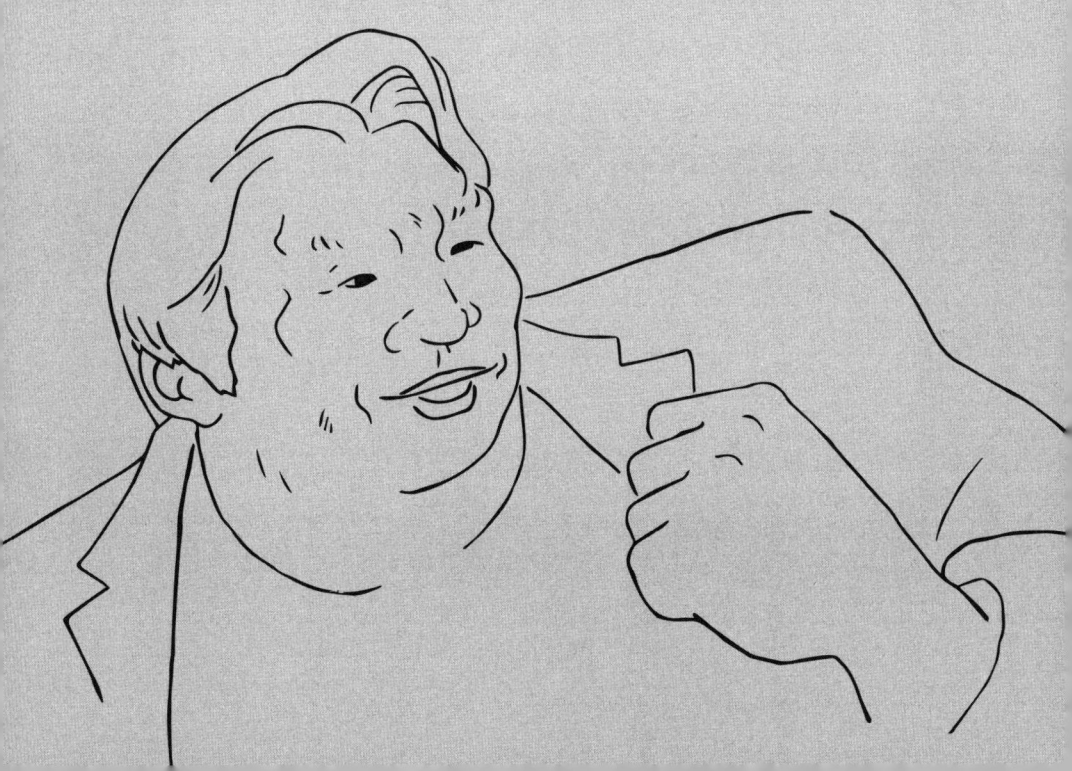

차례

누구나 계획은 있다. 한 대 맞기 전까진 / 8

길거리 싸움에서 100% 이기는 법 / 13

내 자리가 생겼다 / 17

침대부터 정리하라 / 22

정찬성의 경기에 해답이 있다 / 26

토요일까지만 장사해요 / 30

두려움을 딱 하루치로 쪼개며 / 35

단 일주일만에 프로레슬러로 데뷔한 A씨의 하소연 / 40

구마모토에서 들은 낯익은 목소리 '쉬어' / 45

복싱대회에서 깨달은 록키의 명언 / 49

몸에 센서를 심었다 / 54

부력이라는 이름의 취미 / 59

새해 첫날 운이 좋은 남자 / 63

고민하는 후배에게— 행복한 인생이란 / 67

할 수 있는 것이 없습니다 / 72

내가 진짜 원하는 삶 / 76

복싱 체육관에서 장학금을 받았다 / 82

카페가 사라졌다 / 87

타인을 원망하는 것은 불필요한 감정 낭비다 / 91

나를 만드는 여섯 가지 루틴 / 94

한낱 키보드에서 빵 한 조각으로 / 99

길에서 / 101

내 무릎은 참호 속에서 비명을 지르고 있었다 / 104

KBS 아레나의 밤 / 109

상처는 그냥 두면 고름이 되지만, 다듬으면 방패가 된다 / 113

과속 방지 턱이 나를 알아봤다 / 117

전원을 끄는 것이 곧 존재를 켜는 일이었다 / 120

삶을 건너는 방법, 태양에게서 배우다 / 123

형님, 한번만 안아주세요 / 126

헬멧을 벗으면 강연이 시작된다 / 130

벚꽃비와 블루스, 그리고 제주 고씨 형제 / 134

만약이라는 이름의 감옥 / 137

아웃파이터처럼 살 것인가, 슬러거처럼 뚫을 것인가 / 141

새롭게 발견한 헬멧 덕트의 용도 / 145

병원이냐 체육관이냐, 중년의 스파링 / 149

왼쪽 무릎 연골이 사라진 자리에서 / 152

희망은 농담처럼 다가와 진담처럼 남는다 / 156

생선까스와 스페이스 바주카 / 161

출전 전야 / 167

후회라는 서먹한 친구 / 170

인생은 터프솔라처럼 / 173

함께 빛난 문경의 1박 2일 / 176

통곡의 벽 / 180

윤형빈— 어떤 사내, 스스로 링에 오르다 / 186

고민수— 바디샷과 불고기 버거 / 190

이호선— 마음의 불을 옮기는 사람 / 195

홍혜걸— 석양의 책임감, 한 이단아에 대한 단상 / 201

전충훈— 전장의 지휘자, 도시의 공정통제사 / 206

문신과 뚝배기 / 212

청산자산부존재 증명 / 215

크립토나이트, 나의 금성 텔레비전 / 219

헐크호건 불멸의 사나이에게 보내는 작별 인사 / 224

복서 강지숙론— 끝이 있기에 오늘을 잡는다 / 228

사각의 링 그리고 우리들의 계절 / 233

맺음말: 내 방으로 들어온 친구에게 / 237

누구나 계획은 있다. 한 대 맞기 전까진

계획은 단순했고 명료했다. 이른바 '초탄격멸(炒炭擊滅)'. 한 방에 끝낸다. 링 위에서 나와 마주한 사내는 나보다 열다섯 해는 젊었다. 키가 컸고, 당연하게도 팔이 길었다. 학력고사 세대의 낡은 육신으로 체력의 우위를 논하는 것은 어불성설이었다. 판단은 물 흐르듯 자연스러웠다. 라운드가 길어질수록 나의 패색은 짙어질 것이다. 그러니 시작과 동시에 끝내야 했다. 빠르고 강하게.

 나는 맷집에 일종의 자부심 같은 것이 있었다. 20년간의 프로레슬링 무대. 누군가는 쇼라 말하는 그 격렬한 극장에서 나는 철제 의자로 머리를 맞았고 각목으로 등을 구타당했으며 테이블 위에서 허공을 날아 떨어졌다. 세상에 존재하는 거의 모든 종류의 둔탁한 공격을 온몸으로 받아냈지만, 단 한 번도 의식의 끈을 놓친 적은 없었다. 머릿속의 시뮬레이션은 언제나 같은 결말을 향해 달려갔다. 상대의 공격을 한두 대쯤은 기꺼이 허용한다. 그 충격의 반동을 타고 거리를 좁힌다. 그리고 절묘한 타이밍에 온 체중과 허리의 회전력을 실은 오른손 스트레이트 한 방. 그 주먹은 상대의 턱을 수직으로 가르며 간뇌의 전기 신호를 끊어버릴 것이고, 그는 뙤약볕 아래 놓인 브라보콘처럼 무릎부터 스르르 녹아내릴 터였다.

공이 울렸다. 생각은 링 밖에 남겨둔 채, 두 발이 먼저 뛰쳐나갔다. 그는 말없이 뒤로 물러섰다. 한 발, 그리고 또 한 발. 나는 맹렬히 그를 쫓았다. 그러나 닿지 않았다. 그는 거리 밖에서 싸웠고, 나는 거리 안에서 죽을 각오가 되어 있었다. 전혀 다른 차원의 전투였다. 예리한 잽이 바람을 가르며 날아들었다. 한 번, 두 번. 피할 수 없었다. 고개가 옆으로 세차게 휘둘렸고, 이내 입안에서 짭조름하고 비릿한 체액이 고였다. 하지만 아직 괜찮았다. 복서든 레슬러든, 경기 중의 출혈이란 심야의 안부 문자 같은 것이다. "자니?" 그 내용은 중요치 않다. 누가 먼저 대화를 끊고 잠자리에 드는가, 그것이 전부다.

나는 맹수처럼 그를 몰아붙였다. 그러나 스텝은 링 바닥의 송진 가루에 달라붙는 듯 무거웠고, 호흡은 점차 짧아졌다. 8자 스텝으로 부지런히 각을 만들었다. 마침내 그의 등이 로프에 닿는 순간, 기회가 왔다고 직감했다. 왼손 훅, 그리고 필살의 오른손 스트레이트. 공기를 찢는 소리는 날카로웠으나, 이내 텅 빈 소리가 귓전을 때렸다. 아무것도 맞지 않았다. 그는 이미 그곳에 없었다. 그의 날카로운 카운터가 내 턱을 스치고 지나갔다. 정통으로 맞지는 않았으나, 그 감촉에 서린 냉기는 기억 속에 선명히 각인되었다. 그것은 살아서 그 주먹의 사정거리에 들어가 본 사람만이 알 수 있는, 서늘한 감각이었다.

다시 그를 몰았다. 그는 코너에 갇혔다. 사각의 링 위에서 더는 도망칠 곳은 없었다. 나는 믿었다. 다시 한번 모든 것을 실어 주먹을 뻗었다. 그러나 내 주먹은 또다시 허공을 갈랐다. 그는 그림자였다. 피하고 나서야 비로소 그 존재를 알 수 있는, 잡히지 않는 실체였다.

갈라진 호흡 사이로 시간은 흘렀고, 마지막 라운드를 알리는 공이 울렸다. 판정은 공동 우승. 심판은 우리 두 사람의 손을 동시에 들어 올렸지만, 나는 차마 고개를 들지 못했다. 무엇이 잘못된 것이었을까.

경기 전, 나는 확신에 차 있었다. 두 달간 술을 끊었고, 아침에는 복싱, 오후에는 웨이트 트레이닝에 매달렸다. 컨디션이 좋은 날은 하루 세 번 훈련하는 강행군도 마다치 않았다. 장비를 차에 싣고 지방의 이름난 체육관으로 전지훈련을 떠나기도 했다. 식단은 닭가슴살과 브로콜리가 전부였다. 내 나이쯤 되면 좀처럼 찾아오지 않는, 그야말로 '몰입의 시간'이었다.

인터넷 세상을 떠도는 유명한 이미지가 있다. 마이크 타이슨이 남긴 말이다. "Everyone has a plan until they get punched in the mouth." 한국에서는 "맞기 전엔 누구나 그럴싸한 계획이 있다"라는, 더욱 서늘하고 압축적인 문장으로 번역되어 회자된다. 그리고 나는 그 문장의 살아 있는 실례가 되었다. 아드레날린에 취해 오직 머리만 노렸던 단순함도, 상대를 속이는 페인트 모션을 단 한 번도 쓰지 못했던 어리석음도, 모두 나의 '계획'이 너무나 완전했기 때문에 벌어진 일이었다. 계획은 너무나 견고해서 다른 모든 가능성의 문을 닫아버렸다.

하지만 그렇다고 해서 이 경기가 온전한 '실패'였을까? 나는 고개를 젓는다. 나는 준비했다. 두 달이라는 시간을 정직하게 바쳤고, 상대가 누구든 피하지 않고 링 위에 섰다. 타이슨은 50승을 거두는 동안 23명의 상대를 1라운드에 잠재웠다. 하지만 그 패배한 23명 중 단 한 사람도 빈손으로 링에 오르지는 않았을 것이다. 그들 역시 각자의 인생에서는 최고의 훈련을 소화한 절실한 복서였다. 생각해보면 타이슨조차 에반더 홀리필드의 귀를 물어뜯을 계획은 애초에 없었을 것이다.

삶은 언제나 그런 식이다. 우리가 세운 견고한 계획의 허점을 파고드는, 예측 불가의 카운터펀치를 날려온다. 우리는 그 주먹을 속수무책으로 맞고 휘청거리며, 때로는 쓰러진다. 그러나 중요한 것은 다시 일어나는 것이다. 진학도, 취업도, 사랑도 마찬가지다. 우리는 수없이 계획을 세우고, 그 계획이 무너지는 것을 경험한다.

  그럼에도 우리는 다시 계획을 세워야 한다. 맞고 무너지고, 다시 일어나 링 중앙으로 걸어 나와, 또 새로운 계획을 짜야 한다. 복서처럼. 특히 젊음은 더욱 그래야 한다. 계획이 틀어졌다고 해서 인생이 끝나는 것은 아니다. 그것은 인생이라는 긴 경기에서 하나의 라운드가 끝났을 뿐이다. 레퍼리가 당신의 눈앞에서 열까지 모두 세지 않았다면, 경기는 아직 끝나지 않은 것이다.

길거리 싸움에서 100% 이기는 법

"에이, 한 놈만 걸려라."

그 말은 젖은 낙엽처럼 바닥에 달라붙는다. 값싼 소주와 맥주가 뒤섞인 혈관을 타고 흐르는, 주체할 수 없는 공격성. 특히 또래의 사내들이 무리를 지었을 때, 그 객기는 전염병처럼 번져나간다. 처음은 농담으로 시작된 말이 눈빛을 바꾸고, 기어이 공기의 밀도마저 바꿔 놓는다. 그들은 이내 '사냥'에 나선다. 어설픈 수컷들의 서투르고 위험한 유희. 그 희생양은 대부분 밤거리를 혼자 걷는 누군가다. 헤드폰을 꼈거나 지갑을 떨어뜨렸거나 혹은 그저 눈이 마주쳤다는 이유만으로.

만약 당신이 그 사냥의 한복판에 놓였다고 가정해보자. 자정이 넘은 텅 빈 골목. 술기운에 달아오른 다섯 명의 청춘. 들끓는 분노를 배설할 대상을 찾아 희번덕이는 눈동자와 당신의 시선이 허공에서 맞닿는 순간. 어떻게 해야 할까?

여기 백전백승의 비기가 있다. 다만 이것은 싸워서 이기는 법이 아니다. '맞지 않고, 다치지 않고, 무사히 살아남는 법'이다.

먼저 궤도를 수정하는 비행기처럼 걷는 방향을 아주 약간 사선으로 튼다. 대놓고 등을 보이는 도주가 아니라, 그들의 시야에서 안개처럼 서서히 벗어나는 것이 핵심이다. 이때 절대 속도를 바꾸어서는 안 된다. 당신의 발걸음이 갑자기 빨라지는 순간, 그건 공포의 언어로 번역된다. '쫄았다'라는 명백한 신호. 그 순간 당신은 구경거리에서 놀잇감으로 전락한다. 평소와 같은 보폭, 같은 속도. 태연함을 연기하라.

이윽고 그들과의 거리가 3미터 이내로 좁혀졌을 때, 비로소 당신의 무기를 꺼낸다. 슬쩍 스마트폰을 들어 화면을 켠다. 그것은 현대의 결계다. 당신이 이 무연고의 고립된 공간에 속한 존재가 아님을 알리는 신호다. 손가락으로 무언가 바쁘게 누른다. 메신저를 열어 "이제 거의 다 왔어" 혹은 "응, 집 들어가는 중" 같은 짧은 문장을 보낸다. 그것은 단순한 메시지가 아니다. 당신의 세계가 이 골목 너머에 건재함을 알리는 증거이자, 당신이 혼자가 아니라는 가장 강력한 알리바이다.

그 순간 등 뒤에서 식어가는 시선이 느껴질 것이다. 들끓다 만 용암처럼 그들의 눈빛은 빠르게 굳는다. 아마 이런 말이 들려올지도 모른다. "저 새끼, 쫄았네. 큭큭."

속았다고 생각할지도 모르겠다. '내가 졌나?' 서툰 자존심에 생채기가 날 수도 있다. 그러나 단언컨대, 당신은 이겼다. 가장 현실적인 방법으로, 어떤 손실도 없이 완벽하게.

지금 우리가 사는 이곳은 대항해 시대의 바다도, 서부 시대의 황야도 아니다. 야인 시대는 더더욱 아니다. 이 땅에서 사람의 몸과 몸이 물리적으로 충돌하는 순간, 그것은 더 이상 시비나 다툼이 아닌 하나의 '형사 사건'이 된다. 상대가 먼저 도발했더라도, 당신이 일방적으로 맞았더라도, 당신의 주먹이 단 한 번이라도 상대의 몸에 닿는 순간, 법은 차갑게 선언한다. "쌍방폭행입니다."

이 일곱 글자는 마법처럼 무겁다. 당신은 그 순간 대한민국 법관 3천 명, 검사 2천 명, 경찰공무원 14만 명을 모두 잠재적인 '적'으로 돌리게 된다. 사건 접수, 조사, 기소 여부 판단, 형사 재판. 이 길고 지루한 톱니바퀴에 한번 끼이는 순간, 당신의 삶은 결코 뜻대로 흘러가지 않는다. 도망칠 곳도 마땅치 않다. 삼면은 바다이고 북쪽은 철책으로 막혀 있다. 출국은 수사 단계에서 금지될 것이다. 전과 기록이라는 주홍글씨는 10년, 20년이 지나도 당신의 삶을 따라다닌다.

"그래도 맞고만 있을 순 없지 않나", "몇 대 맞고 합의금이나 챙기면 그만"이라는 생각은 위험한 드라마다. 그 순간의 욱하는 감정이 당신 인생의 항로를 통째로 뒤틀어버릴 수 있다. 세상에서 가장 과격하다는 종합격투기 UFC의 팔각 링 위에도 엄격한 규칙과 레퍼리, 의료진과 심판이 존재한다. 하지만 길거리엔 아무것도 없다. 당신이 가볍게 민 어깨에 상대가 차도로 밀려나가 차에 치일 수도 있고, 머리를 전봇대에 부딪혀 영원히 깨어나지 못할 수도 있다. 그때 당신은 더 이상 평범한 시민이 아니라, 한 사람의 인생을 파괴한 가해자가 된다.

나는 해마다 몇 차례씩 소년원과 교도소에서 강연을 한다. 그곳에서 때로 이런 말을 하는 이들을 만난다. "합의 안 해요. 그냥 몸으로 때울랍니다." "여기가 편해요. 바깥보다." 그것이 악독한 심성 때문만은 아니다. 정말로 합의금을 지불할 능력이 없기 때문에 자신의 남은 시간을 감옥에 저당 잡히는 이들이 부지기수다. 이것이 소설이나 드라마가 아닌, 우리가 발 딛고 선 현실이다.

기억해야 한다. 무술과 격투기는 본래 '소중한 것을 지키기 위해' 만들어졌다. 가족, 연인, 동료. 그리고 무엇보다 당신 자신과 당신의 삶이라는 이야기. 그러니까 그 위기의 순간, 주머니에서 휴대폰을 꺼내 들고 모르는 척 걸어 나가는 것. 그것은 결코 비겁함이 아니다. 당신의 삶이라는 가장 소중한 것을 지켜낸, 가장 현실적이고도 위대한 승리다.

내 자리가 생겼다

태풍 카눈이 북상 중이던 2023년 8월 6일 후쿠오카 국제센터, 큐슈프로레슬링 창립 15주년 기념대회가 열렸다. 일본 전역에서 몰려든 팬들로 관중석은 일찌감치 만석이 되었고, 공식 발표된 관객 수는 4,024명. 뙤약볕 아래에서도 입장을 하기 위한 대기줄이 길게 늘어섰고 경기장 안은 열기로 가득했다. 나도 그날 그 경기장에 있었다. 해설자가 아닌, 레슬러로.

오랜만의 해외 원정이었다. 그것도 10년 만에 잡힌 일본 경기. 상대팀에는 WWE 출신의 타지리(TAJIRI), 그리고 치쿠젠, 아소산 등 큐슈의 베테랑들이 포진해 있었다. 우리 팀은 한국과 이탈리아 연합팀. 나와 니코 임베랄티, 미르코 모리가 태그 팀을 이뤄 링에 올랐다. 경기 도중 타지리의 반칙 공격으로 얼굴에 녹색 페인트가 들이부어졌고, 그 탓에 눈을 제대로 뜰 수도 없는 상태였지만, 우리는 끝내 승리를 거뒀다. 일본 관중들의 반응은 체감상 3:7, 혹은 4:6의 비율로 함성과 비명이 뒤섞여 있었다. 이겼다고 환호한 쪽보다, 졌다고 아쉬워한 쪽이 더 많았던 것 같다. 평소라면 정확히 분석하고 말로 표현할 수 있었을 테지만, 그날만큼은 나조차 계산이 안 됐다. 관중의 반응을 논평하는 해설자가 아니라, 링 위에서 호흡을 몰아쉬던 레슬러였기 때문이다.

만 49세. 결코 가볍지 않은 몸으로, 그리고 더 무거운 마음으로 떠난 원정이었다. 체력의 부담만큼이나 정신적인 압박도 적지 않았다. 그런데도 이상하게 그날은 마음이 꽤 가벼웠다. 경기장에 도착하기도 전부터 몸이 한층 가벼워졌고, 공항부터 숙소까지 모든 과정이 놀랄 만큼 순탄하게 흘러갔다. 돌이켜보면 어떤 사건이 나를 느슨하게 만들었다기보다는, 오히려 '자리'라는 개념을 둘러싼 무언의 감정이 그날을 결정지은 것 같다.

자연 다큐멘터리를 보면 빠지지 않고 등장하는 개념이 있다. 바로 '구역'이다. 야생에서 살아가는 대부분의 동물은 일생의 대부분을 자기 영역을 만들고, 지키고, 때가 되면 내어주는 데 쓴다. 레슬링도 마찬가지다. 링 위에서의 싸움만이 전부가 아니다. 실제로 더 치열한 경쟁은 대기실에서 벌어진다. 특히 연중 수백 경기가 열리는 일본 프로레슬링 시장에서는 진짜 전장은 링 밖이다. '자기 자리'를 차지하는 것부터가 첫 번째 싸움이다.

처음 일본 원정 경기를 갔던 시절을 기억한다. 어디가 경기장인지도 몰랐고, 숙소에서 어떻게 가는지조차 제대로 전달받지 못했던 때였다. 그 시절엔 당연히 대기실에 내 자리는 없었다. 아니, 있었을지도 모른다. 캐리어 하나 정도는 둘 수 있는 공간쯤은 어딘가에 있었을 것이다. 하지만 그 세계에서 '자리'란 단지 물리적인 공간이 아니다. 기세와 서열, 그리고 생존 우선권의 총합이다. 충분한 공간이 있어도, 그곳은 이미 암묵적으로 나눠져 있다. 가장 좋은 자리는 단체의 간판 선수, 원로, 혹은 챔피언에게 돌아간다. 그들은 입구에서 가장 멀고 모니터가 잘 보이는 곳에 자리를 잡고, 때론 평상까지 펼쳐 놓는다. 수건, 물병, 파스, 경기복, 이어폰, 그리고 누구도 건드리지 못할 '존재감'까지 그 자리에 둔다.

그다음은 중견 선수들이 양옆으로 2미터씩 떨어진 공간에 캐리어를 놓고 자신의 영역을 확장한다. 그 캐리어는 경계선이 되고, 서열의 증표가 된다. 그리고 맨 마지막에 도착한 나는, 아무에게도 눈치채이지 않게 대기실의 내력벽이 튀어나온 모서리나 배수구 파이프 옆 같은 곳에 조심스럽게 캐리어를 펼쳤다. 짝짓기 예능에서 선택받지 못한 출연자처럼 무기력하고 쭈그러든 기분으로 서 있었다. 그게 외국 원정에서의 통과의례였다. 말 걸어주는 사람도, 눈을 마주치는 이도 없었다. 그저 조용히 버텨야 했다.

하지만 이날은 달랐다. 내가 대기실에 들어서자, 일본 선수 몇몇이 스태프에게 눈짓을 보냈고, 이윽고 한쪽 벽면에 테이블이 놓였다. 의자도 따로 준비되었다. 처음 있는 일이었다. 그 위에 내 스마트폰과 캔커피, 경기복과 무릎 보호대를 펼쳐 놓고 앉았을 때, 나는 확실히 느꼈다. '아, 내 자리가 생겼구나.'

그건 단지 편한 휴식 공간을 얻었다는 뜻이 아니었다. 내가 이 세계에서 살아남았고, 이제는 누군가에게 '존재'로 인식되고 있다는 징후였다.

경기 후 슬쩍 물었다. "왜 오늘은 자리를 주셨어요?" 대답은 짧았다. "베테랑이잖아요." 2001년에 데뷔했으니, 분명 업력은 길다. 하지만 나는 그 업력이 당연한 대우로 돌아올 거라고 한 번도 생각해본 적이 없었다. 단 한 곡으로 유명해진 가수도 있고, 한 편의 영화로 불멸의 이름을 얻는 감독도 있다. 하지만 나는 그런 방식과는 거리가 먼 인생을 살아왔다. 어떤 분야든 단단한 맷집이 필요하다. 실패해도 버티고, 무대가 작아져도 포기하지 않고, 어제보다 덜 아프면 그것만으로도 위안 삼으며 가는 길. 버틴다는 건 단순한 인내가 아니다. 반복되는 침묵과 무시 속에서도 자기를 지우지 않는 기술이다.

과천 야외 체육관에서의 데뷔전이 떠올랐다. 아무도 알아주지 않았고, 기억해주지 않았다. 그저 싸우고, 버티고, 멍이 들면 파스를 붙이고, 다시 링에 올라갔다. 그렇게 20년이 넘었다. 그 시간 동안 지켜온 건 타이틀도 아니고 상금도 아니었다. 오직 한 가지. 나만의 '최후 방어선'. 그것이 무너지지 않도록 끝까지 붙들고 있었고, 이날 그게 보상받은 느낌이었다.

  4,024명의 관중이 있었다. 그들이 기억할지 잊을지는 알 수 없다. 하지만 그날의 대기실에서 나는 분명히 하나의 '자리'를 받았다. 그리고 그건 트로피보다 묵직한 상이었다.

침대부터 정리하라

"침대부터 정리하라." 이 말은 2014년 텍사스 주립대학 졸업식 연설에서 윌리엄 맥레이븐 제독이 한 말이다. 오사마 빈 라덴 제거 작전인 '넵튠 스피어'를 지휘한 미 해군 특수전 사령관이자, 생사를 넘나드는 작전들을 주도한 인물이 전하는 인생의 조언은 의외로 소박했다. 하루를 시작하며 작은 질서를 세우는 것, 그 단순한 행위가 거대한 성취로 이어진다는 뜻이었다. 이 연설은 『침대부터 정리하라: Make Your Bed』라는 책으로도 출간되며 세계적인 베스트셀러가 되었다. 제목은 짧고 단순하지만, 그 안에 담긴 가르침은 깊다. 사소한 일을 엄숙하게 다루는 자세, 바로 그것이 삶 전체의 균형을 지탱한다.

  침대를 정리한다는 건 단지 이불을 개는 행위를 넘어선다. 아무도 보지 않더라도 질서를 세우는 습관, 일상의 처음을 자기 손으로 통제하는 작은 성공의 감각. 이 성취는 하루를 끌고 나갈 에너지의 시동이 된다. 고작 이불 하나 펴고 정리하는 걸 가지고 뭘 그렇게 거창하게 말하냐고 할 수도 있다. 하지만 아침의 작은 선택 하나가 저녁의 상태를 바꾸고, 이 반복이 인생 전체의 리듬을 바꾼다. 매일이 쌓여 나를 만들고, 그 매일을 열어젖히는 첫 행위가 바로 그런 '작은 일'이다.

돌이켜보면, 삶에 있어 사소한 일이라는 건 존재하지 않는다. '큰일'은 대부분 작은 일들의 총합이다. 거대한 목표라는 것도 결국은 작은 루틴의 적분이다. 그중 하나라도 빠지면 전체 구조는 삐걱인다. 균형은 그런 작은 요소들이 끊임없이 맞물리며 돌아가는, 보이지 않는 정밀기계에 가깝다. 그래서 진짜 위기는 대체로 커다란 사고가 아니라, 아주 작은 일 하나가 흐트러졌을 때 시작된다.

올해 초, 다소 무리한 운동을 하고 난 뒤 왼쪽 엄지발가락 뿌리 쪽에 통증이 생겼다. 처음엔 아주 희미하게 하루에 한두 번, 불쑥 나타났다 사라지는 정도였다. 하지만 점점 빈도는 높아졌고 강도는 세졌다. 어느 순간부터는 모스 부호처럼 시도 때도 없이 발등을 찌르기 시작했고, 결국 걷는 것 자체가 고통이 되었다. 그때 깨달았다. 루틴이 무너졌다는 걸.

루틴(routine)의 어원은 'route', 즉 길이다. 말하자면 루틴이란 '정해진 길을 꾸준히 걷는 일'이다. 나에겐 그 길이 있었다. 매일 정해진 시간에 일어나 복싱 체육관으로 향하고, 오후에는 웨이트를 하며 하루를 나누는 길. 출장 중에도 운동화와 심박계를 챙기고, 호텔 방에선 맨몸운동을 하고, 날씨가 좋지 않을 땐 아파트 놀이터에서 스트레칭을 하며 그 흐름을 유지했다. 그런 루틴은 내 몸의 질서일 뿐 아니라, 내 정신의 방어선이기도 했다.

하지만 발 통증은 그 길을 가로막았다. 가만히 있어도 발등을 누가 칼끝으로 찌르는 것 같았다. 계단을 오르는 건 고통이었고, 신발을 신는 것도 전쟁이었다. 윌리엄 맥레이븐 제독은 침대부터 정리하라고 했지만, 나는 침대에서 일어나는 것조차 힘들어졌다.

루틴의 복원을 위해선 원인을 찾아야 했다. 20년 넘게 프로레슬링을 하며 축적된 작은 부상들이 근막과 근섬유에 누적되어 한계에 다다른 것이었다. 이런 문제를 인터넷에서 검색해 스스로 해결하려 해봤자 복리 이자로 부상이 심화될 뿐이다. 결국 병원에 갔다. 한의원과 재활의학과, 그리고 필라테스를 병행하며 조금씩 몸의 밸런스를 회복해갔다. 처음엔 10분 걷는 것조차 벅찼지만, 시간이 지나자 다시 평지를 무리 없이 걸을 수 있게 되었고, 4주가 지난 시점엔 가벼운 유산소 운동이 가능해졌다. 5주 차, 마침내 복싱 체육관에 복귀 신고를 할 수 있었다. 일상으로의 귀환, 그 조용한 복수였다.

루틴을 유지한다는 건 결국 사소한 것들을 귀하게 보는 안목이다. 대중교통을 이용하는 것, 계단을 오르는 것, 양말을

짝 맞춰 개는 것, 침대를 정리하는 것. 이런 일들이야말로 내가 나를 관리하고 있다는 느낌을 되살려주는 순간들이다. 그리고 무엇보다 중요한 건, 루틴이 깨졌을 때의 태도다. 복귀를 위한 기준을 유지하는 것, 방향을 놓지 않는 것. 강철로 만들어진 배라도 만재흘수선을 넘기면 항구를 벗어나기도 전에 침몰할 수 있다. 나 자신이 어떤 무기로 무장하고 있든, 기본선을 지키지 못하면 바다는 언제든 나를 집어삼킬 것이다.

  인생의 흐름은 세 가지로 나눌 수 있다. 루틴을 유지하고 있을 때, 그것이 깨졌을 때, 그리고 다시 복원하려고 애쓰는 때. 세 가지 중 어떤 상태에 있든 간에 중요한 건 '복귀 가능성'이다. 깨져도 괜찮다. 무너져도 좋다. 최소한의 동력만 남아 있다면 언제든 돌아갈 수 있다.

  나는 그렇게 다시 올라탄다. 멈춰 섰던 일상을 다시 돌린다. 내일 아침엔 아파트 놀이터에 나갈 예정이다. 줄넘기와 푸시업, 그리고 천천히 걷기. 그게 원래의 루틴이었다. 사소하지만, 그것이 다시 나를 앞으로 나아가게 만든다. 사소한 것이야말로, 내 삶을 붙잡아주는 단단한 닻이니까.

정찬성의 경기에 해답이 있다

우리는 어떤 장면 앞에서 이런 말을 한다. "마치 영화 같았다." 이 말은 대개 현실에서 일어나기 힘든 압도적인 순간, 예상 밖의 전개, 감정의 절정 앞에서 무심코 튀어나온다. 영화는 본질적으로 제한된 시간 안에 최대치의 자극을 만들어내는 장르다. 그러니 평소 지루한 일상, 반복되는 루틴 속에 살아가는 우리에게 '영화 같다'는 말은 현실을 잠시 벗어난 감탄의 형식이다.

2023년 8월 27일. 한국 시간으로 저녁 늦게, 싱가포르 인도어 스타디움에서 UFC 파이트 나이트가 열렸다. 메인 이벤트는 정찬성과 맥스 할로웨이. 팬들은 이 매치업을 오래 기다려왔다. 그러나 정작 그 경기는 영화가 아니었다. 그것은 훨씬 더 원시적이고, 훨씬 더 잔혹한 무언가였다.

1라운드 시작. 두 전사는 서로를 잴 시간이 없었다. 로우킥과 잽이 교환되기 무섭게, 정찬성은 전진하며 압박했고, 할

로웨이는 백스텝을 밟으며 카운터를 준비했다. 마치 창과 방패가 동시에 서로를 던지는 구조였다. 할로웨이의 펀치에 정찬성이 몇 차례 중심을 잃었다. 그러나 이내 회복하고 되받아쳤다. 격투기의 위대한 순간은 기술에서 나오지 않는다. 인간이 가진 가장 깊은 본능, 즉 공포와 투지, 피와 숨결이 정면으로 충돌할 때, 관중은 숨을 멈춘다. 이 경기엔 그 순간들이 있었다.

  2라운드엔 더 깊은 구렁이 기다리고 있었다. 정찬성은 상대의 한 방에 쓰러졌고, 할로웨이는 이어지는 다스 초크로 숨통을 조였다. 목이 감긴 채, 정찬성은 바닥 위를 시계방향으로 돌며 공간을 만들었다. 그 몸짓은 단지 탈출이 아니라 생존을 향한 항해였다. 그라운드에서도, 스탠딩에서도 정찬성은 줄곧 밀렸다. 하지만 전진을 멈추지 않았다.

  3라운드. 전진 스텝이 다시 시작되었다. 흔들리고 있는 건 누구였을까. 그 자신도 알았을 것이다. 퇴로는 없었다. 이제는 버티는 것이 아니라, 직진하는 것만이 유일한 길이었다. 그렇게 시도된 돌격, 그 순간 할로웨이의 카운터가 정찬성의 안면을 가로질렀다. 그것은 미사일이 아닌 작살이었다. 무수한 비늘을 뚫고 깊은 바다로 내려꽂히는 흰고래를 향한 철작살처럼, 거대한 궤적을 그리며 정찬성은 옥타곤 바닥으로 쓰러졌다.

정적. 몇 초 뒤 레퍼리가 경기를 멈췄고, 관중석에서 일제히 함성과 비명이 터져 나왔다. 그리고 인터뷰. 정찬성은 말했다. "3등, 4등, 5등을 하려고 격투기 한 게 아닙니다." 그 짧은 문장은 이 잔혹한 세계에서 그의 위치를 정확히 보여주는 고백이었다. 그리고 동시에 이별이었다. 그는 은퇴를 선언했다.

13년 전, 나는 정찬성을 처음 인터뷰했다. UFC에서 이제 막 이름을 알리기 시작하던 시절이었다. 당시 방송사들은 서로 경쟁하며 '코리안 파이터'를 메이저리그에 진출시키려 애썼다. 스타가 있어야 흥행도 있고 광고도 붙기 때문이다. 하지만 정찬성은 그런 시스템의 수혜를 받은 적이 없다. 그는 직접 고갯길을 걸어야 했다. 그것도 혼자서.

그의 첫 싸움은 옥타곤도 아니었고, 경기장조차 아니었다. 지방의 한우 축제. 쇠고기를 홍보하는 무대 옆에서 열렸던 이종격투기 시범경기에서 그는 승리를 거뒀다. 작은 무대였지만, 인상은 강렬했다. 국내 단체, 해외 단체를 차례로 거치며 단계를 밟았고, 마침내 UFC에 입성했다. '좀비'라는 별명처럼 그는 맞으면서도 전진하는 전술로 세계적인 팬덤을 만들었다.

2013년 UFC 페더급 랭킹 3위. 한국 파이터로서는 아직까지도 깨지지 않는 기록이다. 10연속 메인이벤트 출전. 데이나 화이트 회장이 직접 그의 티셔츠를 입고, SNS에 그를 홍보했다. 그리고 그날 싱가포르에서 정찬성이 퇴장할 때, UFC는 그에게 경의를 표하듯 크랜베리스(Cranberries)의 'Zombie'를 틀어주었다. 경기장 전체가 그 노래를 따라 불렀다. 전 세계의 목소리로, 그의 이름을 외쳤다.

스포츠는 잔혹하다. 승자는 모든 것을 얻고, 패자는 모든 것을 잃는다. 노력의 밀도는 무대 위에 드러나지 않는다. 카메라는 결과만을 기록한다. 그러나 정찬성은 그 냉혹한 세계 속에서도 자신만의 완결성을 지켜냈다. 누구에게도 기대지 않고, 시스템에 휘둘리지 않고, 제 몸과 이름 하나로 여기에 도달했다. 링 위에 남긴 건 숫자가 아니라 서사였다. 그런 사람을 패자라고 부를 수 있을까?

그는 쓰러졌지만, 무너지지 않았다. 거대한 물살에 휘말렸지만, 침몰하지 않았다. 그것이 정찬성이 남긴 마지막 경기의 문학성이다. 단지 격투의 결과로 끝나는 장면이 아니라, 살아온 삶의 결을 응축한 진중한 10분 23초. 그의 인생 제2막은 그 어떤 승리보다 강하고, 오래 살아남을 것이다.

토요일까지만 장사해요

"토요일까지만 장사해요." 며칠 전 동네 통닭집 사장이 깊은 한숨과 함께 툭 내뱉은 말이었다. 말끝은 짧았지만 공기는 무거웠고, 그의 어깨는 온종일 튀김기 앞에서 기름 냄새를 뒤집어쓴 것처럼 축 늘어져 있었다.

　이 집은 오래전 시장에서 튀겨내던, 이른바 '옛날통닭' 방식의 치킨을 파는 프랜차이즈였다. 뼈째 잘라내 기름에 바삭하게 튀긴 닭 한 마리를 누런 종이봉투에 넣어주며 "조심히 가세요"하고 던지던, 그 익숙한 톤과 기름 묻은 봉투 냄새. 유독 이 집의 튀김은 바삭하고 짜지 않아서 자주 이용했다. 장소도 괜찮은 곳이어서 미리 전화하지 않으면 보통 10분 이상 기다려야 했다. 다섯 대 남짓한 튀김기에서는 타이머가 엇갈리며 울려댔고, 그때마다 사장은 젓가락을 휘두르듯 빠르게 움직였다. 기름은 쉴 새 없이 부글거렸고, 그의 몸은 온통 기름기와 열기로 덮여 있었다.

사장의 말에 따르면 재료비는 폭등했지만 본사에선 가격을 못 올리게 해, 결국 마진은 없고, 선택지는 접는 것뿐이었다고 했다. 말은 단순했지만, 나는 느낄 수 있었다. 아마 그것만이 전부는 아니었을 것이다. 장사가 안 되는 날도 있었을 것이고, 가족들과의 다툼이나 건강 문제, 혹은 그 어떤 사람도 헤아리지 못할 내면의 사정들이 있을지도 몰랐다. 나는 더 묻지 않았다. 내 호기심은 싸구려였고, 그것이 이 사내의 '마지막'에 걸맞는 무게를 가지기엔 너무 얄팍했다. 대신 나는 그의 한숨을 기억하기로 했다. 그 한숨은 기름 끓는 열기보다 더 뜨겁고, 더 오래 머무르는 냄새를 가지고 있었다.

토요일. 체육관에 가기 위해 스쿠터에 올라 신호 대기 중이었다. 초입 사거리, 그 치킨집 간판이 눈에 들어왔다. 무심히 좌회전하려다 다시 핸들을 돌려 집으로 돌아왔다. 책상 서랍에서 봉투를 꺼내 5만 원을 넣었다. 책장 앞에 서서 오래 고민하다가, 비교적 깨끗한 에세이 한 권을 골랐다. 사람의 마음이란 희한해서, 책을 줄 때는 괜히 더 신중해진다. 이 책이 누군가의 고된 하루 끝에 작은 쉼이 되어줄 수 있을까. 나는 조심스레 봉투를 닫고, 다시 그 치킨집으로 향했다.

사장은 사복 차림이었다. 유니폼도, 주방 모자도 쓰고 있지 않았다. 처음 보는 모습이었다. 그도 나를 알아봤다. 주문은 아직 안 받는다고 했다.

"주문은 아니고요. 오늘 마지막이라면서요. 이거 5만 원인데, 친구분들과 소주 드실 때 보태 쓰세요. 이 책은 제가 재밌게 읽은 건데, 사장님도 읽으시면 좋을 것 같아서요."

말을 마치고 나서 내가 쓴 말투가 너무 연극적이지 않았을까 순간 걱정이 되었다. 하지만 사장은 잠시 말을 잇지 못하더니, 고개를 깊이 숙였다. "아이고… 고맙습니다." 그가 가슴 앞에서 손을 모으듯 인사하는 모습이 내게 오래 남았다.

사실 이건 단순한 동정이나 위로가 아니었다. 그는 내가 주문한 치킨을 단 한 번도 늦게 만든 적이 없었다. '15분 뒤에 오세요', '22분쯤에 오시면 됩니다' 하면 정확히 그 시간에 종이봉투가 나왔다. 별다른 덤도 없고, 살가운 대화도 없었지만, 늘 정확했다. 나는 그것이 프로의 미덕이라 생각했다. 뜨거운 기름 냄새가 배어 있는 좁은 주방, 바람도 통하지 않는 곳에서 유니폼을 입고, 정해진 절차대로 닭을 튀기고, 포장하고, 시간을 지키는 사람. 그것은 기계적 정시성이 아니라, 매일 같은 행위를 정직하게 반복하는 인간의 성실함이었다.

닭을 튀기던 그의 모습이 문득 떠올랐다. 기름은 쉼 없이 튀어 올랐고, 닭다리와 날개는 금빛으로 물들어갔다. 젓가락으로 닭을 뒤집을 때마다 튀김옷이 기름 속에서 흔들렸고, 반쯤 익은 닭의 단면에선 하얀 김이 피어올랐다. 닭 한 마리를 마무리하는 데 필요한 정성은, 단순히 요리 기술이 아니라 근육의 기억과 손의 인내, 뜨거움을 견디는 인간의 의지였다. 그렇게 매일 닭을 튀겨온 사내는 그 노동의 끝에서 마침내 주방을 내려놓았다.

그의 팔은 기름에 데인 켈로이드 흉터로 가득했다. 그건 오래된 흔적이었고, 화상이라는 기록이었고, 생존의 증표였다. 튀김기의 열기를 막기엔 너무 얇은 피부. 하지만 그는 그 팔로 하루 수십 마리의 닭을 튀겨냈다. 그 팔이 내게 내어준 수많은 저녁 식사의 정직함이 떠올랐다.

오십이 넘어서야 나는 이런 것들을 조금씩 알게 되었다. 내가 지금 발을 딛고 있는 이 평범한 일상은, 수많은 사람의 헌신, 노력, 침묵, 위로 위에 겨우 얹혀 있다는 걸. 내가 조금이라도 더 견딜 수 있는 이유는, 나의 능력이나 운 때문만이 아니라, 그런 사람들의 보이지 않는 근육들 덕분이었다.

그날 치킨집 사장은 내 손에 잡힌 책을 보며 말했다. "조만간 다시 가게 낼 겁니다. 저기 초등학교 사거리에 큼지막하게 현수막 내걸 테니까, 보시면 꼭 오세요. 그땐 제가 닭 한 마리 대접하겠습니다."

나는 웃으며 고개를 끄덕였다. "네, 기대하겠습니다."

서울로 나가는 초등학교 사거리 오른편, 늘 무심히 지나쳤던 현수막 거치대. 앞으로는 그곳을 주의 깊게 살펴야 할 이유가 생겼다. 그 사내가 닭을 다시 튀기기 시작하는 날, 나는 꼭 그곳에 닿고 싶다. 그리고 그날 기름, 냄새가 다시 골목을 채우고, 그 사내가 예전처럼 "10분 뒤에 오세요"라고 말하길 바란다.

그가 다시 불 앞에 선다면, 나는 또다시 거기서 통닭을 주문할 것이다. 삶이란, 그리하여 이어지는 것이다. 말없이, 성실하게, 닭을 튀기며.

두려움을 딱 하루치로 쪼개며

제2차 세계대전의 겨울, 스탈린그라드 전선에서 90,000명의 독일군이 포로가 되었다. 지금의 경기도 동두천시 인구 전부가 하루아침에 무장 해제되고, 적군의 손에 운명을 맡기게 된 것이다. 그들의 얼굴은 얼어 있었고, 마음은 얼어붙어 있었으며, 시간은 정지한 것처럼 무거웠다. 하지만 역사는 그들의 고통에 오래 머물지 않는다. 한 줄 통계로 치환되거나, 지도 위 붉은 선의 굴절로 바뀌며, 냉담하게 기록된다. "포로 수: 90,000." 그러나 그 숫자 속에는 너무 많은 '하나'들이 있었다. 이름이 있고, 가족이 있으며, 식사와 체온, 욕망과 불안, 그리고 돌아가야 할 고향이 있는 사람들. 서방연합군에 잡힌 이들은 몇 년 내에 고향으로 돌아갔다. 하지만 소련에 포로로 잡힌 이들의 대부분은 돌아오지 못했다. 돌아온 자들도 최소 10년에서 25년의 강제노역을 견뎌야 했다. 그 겨울의 시베리아는 단순한 날씨가 아니라, 완전한 하나의 적이었다. 추위는 병사들보다 더 끈질기고, 더 정확하고, 더 잔혹했다. 밤이면 폐수통에 붙은 손가락이 떨어졌고, 발은 신발 안에서 썩기 시작했으며, 고통은 매일 새로운 표정을 달고 왔다. 그럼에도 불구하고, 그 상황에서도 탈출을 감행한 자들이 있었다. 그들 중 일부는 무려 11,491km를 걸어 이란까지 도달했다. 말을 탄 게 아니라, 그야말로 인간의 두 다리로 걸었다. 그것은 전쟁이 아니라 순례였다. 증오를 피하고자 떠난 유랑, 공포와 절망을 등에 진 장정들의 성지순례. 세상은 그들을 미친 사람이라 했지만, 그들은 하나의 원리를 가지고 있었다. "돌멩이를 주머니에 넣는다."

　증언에 따르면, 그들은 탈출 직후 주머니에 작은 돌멩이 10개를 넣었다. 그리고 천 걸음을 걸을 때마다 하나씩 다른 쪽 주머니로 옮겼다. 다시 만 보가 되면, 처음 주머니로 돌려놓았다. 이 단순한 반복. 생존을 계산하고 감각을 붙잡기 위한 유일한 도구. 날씨는 어금니처럼 위에서 내려왔고, 눈길은 허리를 끊듯 옆에서 밀어쳤다. 탈출자들은 입술 안쪽이 얼지 않도록 혀로 문질렀고, 발가락은 감각이 사라지기 전까지 매 시간 두드려야 했다. 어깨를 누르는 짐은 한 줌의 마른 빵과 희미한 지도의 기억. 밤에는 숨을 죽이고, 낮에는 그림자를 죽였다. 그 모든 여정은 "하나, 둘… 천"을 수백 번 반복한 끝에 이뤄졌다. 인간이 견디는 법은 의외로 단순했다. 거대한 시간과 공간을 작게 부수는 것. 두려움을 조각내어 하루치로 만드는 것. 그리고 거기서 나아가는 것. 올해 초, 한 모터사이클 브랜드의 100주년 기념행사장에서 폴로셔츠 하나를 샀다. 행사 로고가 자수로 수놓아진 기념품이었다. 가장 큰 사이즈를 골랐지만, 시착해보니 너무 딱 맞았다. 원래대로라면 옷걸이에 다시 걸어두었을 테지만, 이상하게도 그날은 그냥 계산대로 갔다. "지금은 못 입지만, 언젠가 입자." 흔한 다이어트 동기부여 방식이었지만, 나는 그날 처음으로 이 방법을 실천했다.

프로레슬링과 복싱은 계속 해왔지만, 웨이트 트레이닝은 본격적으로 해본 적이 없었다. 이번엔 달랐다. 루틴을 짜고, 부위별 분할 훈련 계획을 만들었다. 단백질 섭취량을 체중에 맞춰 계산하고, 주 5일 훈련에 맞춰 탄수화물 양을 조정했다. 급격한 체중 감량은 탈모와 면역력 저하를 유발할 수 있으니 천천히 그리고 정확히. 운동을 하지 않는 날에도 스트레칭과 걷기를 거르지 않았다. 그렇게 8개월이 흘렀다.

문득 옷장에 걸린 그 셔츠가 생각났다. 별 기대 없이 꺼내 입어봤다. 그런데 옷이 쑥 들어갔다. 착—하고 몸에 감겼다. 나는 천천히 거울 앞에 섰다. 체중은 크게 달라지지 않았지만, 핏이 살아 있었다. 몸의 밀도가 바뀐 것이다. 유리구두를 처음 신은 신데렐라의 마음이 이런 것이었을까. 아니, 차라리 언 손으로 돌멩이를 하나 옮겼을 때의 안도감. 그에 가까웠다. 오직 나만이 아는 작은 승리. 말하지 않아도 되는, 설명하지 않아도 되는 고요한 성취.

작년 여름, 일본 원정 경기에서 나는 미디어 앞에서 "60세까지 현역 프로레슬러로 뛰겠다"라고 말했다. 웃자고 던진 말이었지만, 언젠가 그것이 내가 살아가는 표식이 되었다. 그때부터는 무거운 말이 아니라, 가벼운 책임처럼 느껴지기 시작했다. 그 무모한 선언의 진심을 증명하기 위해서, 나는 탱크 같은 몸을 유지해야만 했다.

지금 원고를 쓰는 이 순간에도, 나는 그 기념 셔츠를 입고 있다. 어깨를 감싸고, 복부를 지나, 가슴팍에 새겨진 로고가 작은 방 안을 조용히 응시한다. 이 셔츠는 단순한 옷이 아니다. 그것은 나의 '돌멩이'였다. 하루하루의 걸음이었다. 눈보라 속에서 방향을 잃지 않기 위한 감각. 내일도 입기 위해 나는 훈련을 할 것이다. 그렇게 또 하루를 살아낼 것이다.

인생에서 성과를 이루는 방법은 결국 두 가지밖에 없다. 노력, 그리고 반복. 천재는 이것을 한 번에 해내지만, 우리는 아니다. 나는 아니고, 아마 이 글을 읽는 당신도 아닐 것이다. 그러나 괜찮다. 지연과 오차는 인생의 변수 같은 것이 아니다. 그것은 오히려 '기본값'이다. 우리가 겪는 삐걱거림은 실패가 아니라 '길'이다.

돌멩이를 옮기듯, 조금씩, 한 걸음씩. 그렇게 이 글도 한 줄씩 써졌다. 그 여정 속에서, 나는 또 내일의 셔츠를 입는다. 그렇게 살아간다. 눈길을 건너서.

단 일주일만에 프로레슬러로 데뷔한 A씨의 하소연

1923년 9월 1일 오전 11시 58분, 일본 관동 일대에 규모 7.9의 대지진이 발생했다. 지진은 약 7분간 지속되었고, 그 짧은 시간 동안 수십만 명의 삶이 한꺼번에 무너졌다. 공식적으로는 약 10만에서 14만 2천 명이 사망했고, 3만 7천 명이 실종되었다. 10만 9천 채의 건물이 완전히 파괴되었고, 그에 근접한 수의 주택이 반파되었다. 도시와 도시 사이의 도로는 끊겼고, 교량은 붕괴되었으며, 수도와 전기는 멈췄다. 사람들은 죽었고, 남은 자들은 죽음을 목격한 채 살아야 했다.

동일본 대지진보다 여섯 배, 고베 대지진보다 열여섯 배의 피해 규모. 피해액은 당시 일본 국민총생산의 3분의 1에 달했다. 인간이 감당할 수 있는 한계치를 넘어선 이 절망의 무게는 사람들의 이성을 쉽게 무너뜨렸다. 공포는 언제나 이성을 지우고, 그 자리에 죄 없는 '타자'를 세운다. 그날 이후, 일본 사회는 이상한 속도로 흘러갔다. "조선인이 우물에 독을 넣었다"라는 유언비어가 퍼졌고, 이 '가짜뉴스'를 믿은 군중은 길거리에서 조선인들을 무차별 학살하기 시작했다. 확인도, 의심도 없이. 주먹과 몽둥이가 논리보다 빨랐고, 흉기와 발길질이 사실보다 가까웠다. 죄 없는 이들의 비명이 대지의 여진 속에 묻혔다.

허위 정보, 이른바 가짜뉴스는 인류의 역사에서 한 번도 사라진 적이 없다. 작게는 주변 지인들에 대한 험담부터, 크게는 국가 간 전쟁에서의 전략적 심리전에 이르기까지 고의성과 이득이 개입된 순간, 거짓은 늘 사실의 얼굴을 쓰고 나타난다. 그럴듯한 언어로 감정을 자극하고, 충분히 믿을 법한 형식으로 포장된다. 그 목적은 하나다. 특정한 이득을 얻는 것, 혹은 누군가를 망가뜨리는 것.

그러나 과거의 가짜뉴스는 그 확산에 한계가 있었다. 말로 퍼지던 시절에는 시간과 공간이 자연스러운 방어막이었다. 하지만 오늘날은 다르다. 이제는 누구라도 가짜뉴스의 생산자가 될 수 있다. 복잡한 편집 기술이나 자금력이 없어도 괜찮다. 단 몇 줄의 텍스트, 모호한 이미지 하나면 된다. 그리고 플랫폼은 그 유통을 돕는다. 인터넷 뉴스 댓글, 소셜 미디어, 단톡방, 유튜브 쇼츠 영상과 댓글. 여기에 올라탄 가짜는 너무도 쉽게 진실처럼 퍼진다.

기성 언론조차 이를 걸러내지 못한다. '인터넷 뉴스팀'이라는 익명의 프레임 아래 사실 확인 없는 기사가 양산된다. 조회 수는 광고 수익이 되고, 수익은 또다시 더 자극적인 콘텐츠로 순환된다. 2017년 현대경제연구원은 언론진흥재단 백서를 기반으로 가짜뉴스의 폐해 규모를 산정한 바 있다. 30조 원. 그것은 하나의 산업이자 하나의 전염병이다.

A라는 지인이 있다. 그는 프로레슬러이며 동시에 다양한 분야에서 활동하는 사람이다. 성실했고, 꾸준했고, 데뷔 초부터 제법 주목을 받았다. 그가 어떤 이들에게는 눈엣가시였을 것이다. 그리고 거기에 익명성과 기술이 결합되었다. "일주일 운동하고 프로레슬러 데뷔한 사람." 이 말은 처음엔 어이없는 낙서처럼 흘러갔다. 그러나 시간이 흐르자 이 낙서가 곧 '사실'처럼 굳어졌다.

초기에는 웃어넘겼다고 한다. 말도 안 되는 이야기니까. 그러나 인터넷은 '반복'이라는 무기를 가지고 있다. 누군가가 계속 말하면, 결국 모두가 믿는다. A는 고심 끝에 예전 포털 게시판에서 주고받은 이메일 복사본을 찾아냈다. 파란, 엠파스, 프리챌. 오래된 계정, 잊힌 비밀번호, 남아 있는 흔적들. 그 흔적을 모아 1년 이상의 훈련 경력을 증명해야 했다. 그것만으로 끝이 아니었다.

어느 날, 욕설이 적힌 합성 이미지가 등장했다. A가 유명인을 비하한 것처럼 조작된 이미지였다. 다행히 최초 유포자를 특정해 법적 처벌을 받게 했지만, 문제는 이후였다. 합성이라는 사실이 알려졌음에도, 이미 퍼진 이미지는 계속 유통되었다. 누군가는 믿었고, 또 누군가는 믿고 싶어 했다. 그렇게 진실은 피곤하게 반박을 해야 했고, 거짓은 손쉽게 공유되었다.

"같이 일했던 사람, 함께 웃으며 술을 마셨던 사람. 그런 사람들이 저 가짜뉴스를 공유하는 걸 보고 큰 충격을 받았습니다." A는 말했다. 가짜뉴스가 불러온 건 단순한 오해가 아니었다. 인간관계의 단절, 기회의 상실, 그리고 자신의 정체성을 뒤흔드는 상처였다.

눈치챘겠지만 그 A씨가 바로 나다. 그리고 A씨 즉 나의 이런 번잡하고 지루한 고통은 현재 진행형이다.

우리는 누구든 피해자가 될 수 있다. 혹은, 가해자가 될 수도 있다. 인터넷은 지식에 가장 가까운 수단이지만, 그 깊은 저수지엔 썩은 물도 함께 흐른다. 진실은 시간을 먹고 자라지만, 거짓은 감정을 먹고 퍼진다. 감정은 진실보다 빠르다. 감정은 확인하지 않는다. 감정은 확산된다.

지금도 어딘가에서는 누군가가 조용히 무너지고 있을지 모른다. 사실이 아니라고 백 번 말해도, "그래도 그럴 법하잖아"라는 단 한 줄이면 무너진다. 말은 기록보다 오래 남는다. 인터넷이라는 섬세하고 민감한 구조 위에서, 말은 더 이상 공기가 아니다. 그것은 누군가의 생애를 송두리째 뒤흔드는 진동수 높은 파괴력이다.

 30조 원. 이것은 단순한 통계가 아니다. 수많은 개인의 인생을 수치로 환산한, 인간 존엄의 실물가치다. 그리고 그 수치는 앞으로 더 늘어날 것이다. 법과 제도, 플랫폼의 규제 없이 가짜뉴스는 멈추지 않는다. 한 사람이 다른 사람의 인생을 뒤흔드는 데 필요한 건 이제 단 한 줄이다. 그리고 우리는 모두 그 파괴의 구조 안에 살아가고 있다.

구마모토에서 들은 낯익은 목소리 '쉬어'

일본 큐슈는 돈코츠 라멘의 발상지로 잘 알려진 곳이다. 고소하고 짭짤한 육수가 깊은 그릇 속에서 기름방울과 함께 반짝이는 동네. 그 라멘 한 그릇을 먹기 위해 비행기를 타는 사람들이 있을 정도로, 큐슈는 하나의 문화 브랜드다. 여기에 유후인의 온천, 구마모토 성, 벳푸의 지옥온천 같은 이름들도 더해지면, 여행자로선 머뭇거릴 이유가 없다.

  하지만 나에게 큐슈는 단순한 관광지 이상의 곳이다. 올해 8월, 큐슈프로레슬링이라는 지역 기반 단체의 링 위에 섰고, 거기서 전 WWE 슈퍼스타 타지리 선수와 맞붙어 6인 태그매치에서 승리를 거두었다. 그날의 전투와 관중의 환호, 얼굴에 칠해진 붉은 페인트, 허공을 찢고 들어오는 조명, 상대의 숨소리까지 들리던 그 20여 분간은 내게 오래도록 남을 '열기'였다. 프로레슬러로서 일본 링 위에서 10년 만에 거둔 승리였기에 더욱 각별했다.

이런 인연은 두 달 만에 또다시 이어졌다. 큐슈에 생산기지를 둔 일본의 H 모터사이클 제조사에서 본사 공장을 견학하고, 인근 일대를 모터사이클로 달려보는 행사에 초청된 것이다. H사는 세계에서 자동차와 모터사이클을 모두 제조하는 몇 안 되는 기업 중 하나다. 1948년 창업 당시 '기술연구소'라는 이름을 그대로 유지하며, 지금도 생산라인의 직원들은 흰색 제복을 입는다. 마치 실험실에 들어온 듯한 긴장감. 흰 제복의 사람들 사이를 걸으며 나는 기술과 장인정신에 대한 묵직한 경외심을 느꼈다. 그들의 '정확함'과 '질서'는 단순히 조립 공정의 결과물이 아니라 삶의 태도에 가까웠다.

첫째 날, 큐슈 북쪽의 하카타 공항에서 구마모토 공장으로 이동하는 중이었다. 버스에 올라 출발을 기다리던 우리에게 한 일본인 남성이 인사를 건넸다. 말끔히 벗겨진 머리와 반듯한 자세. 흔들리는 버스 안에서도 중심을 놓지 않는 균형감이 인상적이었다. 유창한 한국어로 일정을 설명하는 그의 이름은 카이다 유키(海田裕樹). 어쩐지 어딘가 단단한 느낌이 드는 사람이었다. 그는 자신도 모터사이클을 타는 라이더라며 환하게 웃었다. 그 말 한마디에 묘한 친밀감이 솟았다.

한국어를 그렇게까지 능숙하게 구사하는 중년의 일본 남성을 만난 건 처음이었다. 혹시 한류 드라마 때문일까, K-POP? 그냥 물어볼 수도 있었지만, 난 왠지 그 순간은 넘기고 싶지 않았다. 한 번 궁금한 것이 생기면 깊이 파고드는 성격이라, 숙소에 돌아와서도 그의 이야기가 머릿속을 맴돌았다. 잠을 설칠 정도였다.

다음 날 H사 구마모토 본사 공장 견학이 끝난 뒤였다. 점검을 위해 참가자들이 모였고, 누가 먼저랄 것도 없이 다들 '3열 종대'로 정렬했다. 그 누구도 지시한 적 없는데 자연스럽게 그렇게 섰다. 타국 참가자들은 조용히 놀라워했고, 카이다 씨는 슬쩍 웃으며 "쉬어!"라고 말했다. 한국군대 출신이 아니라면 하기 어려운 농담. 그가 과거 육상자위대 3등 육사, 즉 소령으로 예편한 인물이라는 사실은 나중에 알게 되었다. 한국어를 배운 계기도, 복무 당시 대한민국 3군사관학교와 일본 간부후보생학교 간의 교류업무를 맡으며 생긴 인연 때문이라고 했다. 그는 프로레슬링 팬이기도 했다. 본인의 부대 후임 중에 레슬링을 좋아하는 병사가 있었고, 그를 통해 나를 알게 되었단다. 전혀 예상치 못한 연결선. 서로의 이름도 모르던 사람이, 알고 보니 서로의 일을 알고 있었던 그런 묘한 교차점. 마지막 일정이 끝나갈 즈음, 그와 헤어지는 것이 아쉽게 느껴질 정도로 우리는 여러 이야기를 나눴다.

그다음 날 우리는 모터사이클을 타고 일본에서도 경치가 아름답기로 손꼽히는 212번 국도를 따라 다이칸보 전망대로 향했다. 아소산의 전경이 흐릿한 안개 사이로 점차 드러나는 길.

그 절경 앞에서 우리는 또 마주쳤다. 검은색 라이더 재킷에 흰 머플러를 맨 채, 35년 된 모터사이클을 몰고 나타난 이가 바로 카이다 씨였다. 그는 이날 모처럼의 휴일이었지만, "같이 달리고 싶어서 왔다"라고 했다. 그의 목소리는 담백했고, 말보다는 눈빛이 더 선명했다.

함께 달린 국도, 쉼터에서의 식사, 커피 한 잔과 짧은 웃음. 우리는 여권이 다르고 국적이 다르지만, 그날의 바람과 공기, 엔진 소리 앞에서는 그 어떤 차이도 없었다. 고개를 넘어 내려오는 길, 나는 문득 생각했다. '이웃 나라'란 원래 이렇게 지내야 하는 것 아닐까.

생각해보면, 전 세계적으로 이웃 국가와 오랫동안 평화롭게 지낸 사례는 드물다. 언어가 같아도, 피가 같아도, 갈등은 끝나지 않는다. 하지만 어쩌면 답은 간단할지도 모른다. 함께 마주보고, 함께 달리고, 함께 식사하며, 함께 웃는 일. 그런 일들이 자주 반복되다 보면, 최소한 우리 아이들이 살아갈 시대엔 지금보다 덜 아픈 국경이 만들어지지 않을까.

큐슈, H사, 모터사이클, 3사관학교. 전혀 어울릴 것 같지 않던 퍼즐 조각들이 조용히 맞물렸다. 돌아오는 비행기 안에서, 나는 그 설계도를 펼쳐 놓고 몇 번이고 미소를 지었다. 나를 연결해준 이 인연의 톱니바퀴가 계속 돌아가기를 기원하면서 말이다.

복싱대회에서 깨달은 록키의 명언

2023년 11월 11일, 성북동 박스파크.

  흡사 10kg 아령이 헬스장의 고무 바닥에 떨어졌을 때의 소리가 들렸다.

  '퍽'도 '펑'도 '꽝'도 아니었다.

  이 세상의 어떤 의성어로도 표현하기 어려운 소리. 진공 상태에서 압축된 공기가 터지는 것 같기도 하고, 망치가 납덩이를 때릴 때의 무음 속 충격 같기도 했다. 세종대왕께서 만든 위대한 문자가 한없이 유연하고 아름다운 도구임에도, 이 소리는 그 그물망 사이로 빠져나갔다.

  그건 '소리'가 아니라 '감각'이었다.

  그것은 내 고막을 때리고, 턱을 흔들고, 눈을 순간적으로 감기게 만들고, 복부로 내려와 위장을 조이게 했다. 좌뇌는 우측으로, 우뇌는 좌측으로 흔들렸다.

  그 잽은 펀치의 최소단위임에도, 하드펀처의 몸에서 나왔다는 사실 하나로 무게가 달라졌다.

116kg. 나보다 10kg 무거운 사내.

100kg 이상 무제한급에서 나를 맞은 그의 왼손 잽은, 마치 "여기부터는 진짜다"라고 말하는 첫 문장 같았다.

성북구청장배 복싱대회에 나온 150여 명의 출전자 중 나는 가장 나이가 많은 49세였다. 40대가 넘으면 체중을 줄인다는 것이 생존의 기술처럼 여겨진다. 나 역시 최근 몇 년간 20kg을 감량해 106kg 정도를 유지하고 있었지만, 이날만큼은 그 감량이 괜스레 아쉬웠다.

조금 더 무거웠다면, 펀치의 충격을 몸통으로 흡수할 수 있었을까. 체중은 숫자가 아니라 방어구였을까.

대회가 시작되기 전, 난 계체량을 마치고 링에 올랐다. 링은 낯설지 않았지만, 익숙하지도 않았다. 링 위에 미끄럼 방지를 위한 천이 덮여 있었고, 훈련 때 느껴보지 못한 미묘한 감촉이 발바닥을 타고 올라왔다. 매우 얇고 묘하게 미끄러웠다.

하지만 나는 오히려 내심 미소를 지었다.

'회피 기동이 어려우면 나에게 더 유리하다.'

후퇴 없는 전진. 이번에 준비한 전략은 아웃복싱이 아니라, 밀어붙이기. 제7기동군단처럼 전면 돌파였다.

뒤는 없다. 물러설 곳이 없다. 링 중앙에서 밀고 들어가 코너로, 또 코너에서 링 밖으로 내몬다. 내 안의 병참선은 오직 하나다. 앞으로. 앞으로.

전술이 세워지면, 훈련이 따라야 한다. 나는 박스원 대화관의 김성범 관장의 지도로 8자 스텝에 맞춰 원투 연타와 훅 연타를 훈련했다. 밤이면 체육관에 불이 꺼지고, 나는 잔광처럼 남아 그림자와 싸웠다. 정작 훈련량은 생각보다 부족했다. 한 달 전 일본 출장이 일주일을 날려버렸고, 돌아온 후에는 친구의 형이 병마와 싸우다 세상을 떠났다는 소식에 훈련보다 곁을 지키는 것이 더 중요했다. 살다 보면, 승부보다 더 절실한 순간이 있다.

훈련이 끊긴 시간 동안 나는 공책 하나를 꺼내 매일 일지를 썼다.

스텝이 꼬이지 않도록 걸을 것, 펀치를 빠르게 날리기보다 빠르게 회수할 것. 오래된 내 단점, 프로레슬링 출신 특유의 높은 중심을 낮추기 위해 상대의 가슴선에 시선을 고정하는 연습을 반복했다.

수백 번, 수천 번. 그리고 드디어 시합. 이제는 링 위.

상대는 나보다 키가 컸고, 무거웠다.

1라운드 초반. 10여 초가 지나기도 전에 그의 왼손 잽이 내 안면을 두드렸다.

처음엔 당황했다. 그러나 바로 다음 순간, "어차피 죽진 않는다." 이 문장이 머리를 스쳤다.

몸을 낮췄다. 좌우로 크게 8자 스텝을 밟았다.

원투, 원투, 원투. 타이밍이 맞았다.

상대는 밀리며 중심을 잃었고, 급히 나를 클린치했다. 나는 다시 압박했다. 계속 밀고, 틈을 노리고, 파워 잽을 창처럼 길게 찔렀다.

그의 턱이 위로 들리는 게 보였다. 놓치지 않았다. 오른손 훅. 몸 전체의 무게를 실었다.

완벽했다. '끝났다.' 그렇게 생각했다.

그러나 방심한 순간, 그의 오른손이 내 턱을 되받아쳤다. 그 타격은 거의 지진에 가까웠다. 앞서 말했던, 글자로는 도저히 옮길 수 없는 충돌의 파장. 그게 다시 체육관을 진동시켰다.

결과는 공동우승.

승자도 패자도 없는, 정확히 말하자면 둘 다 승자이기도, 패자이기도 한 결말.

하지만 경기 후, 나는 웃었다. 상대도 웃었다. 우리는 주먹으로 서로를 때렸고, 동시에 통과시켰다. 서로의 체온을, 무게를, 투지를, 말이 아니라 신체로 나눴다.

집으로 돌아오는 차 안에서 영화 '록키 발보아'의 대사가 떠올랐다.

"인생은 난타전이야. 네가 얼마나 센 펀치를 날리는가가 아니라, 네가 끝없이 맞아가면서도 조금씩 앞으로 전진하며 하나씩 얻어가는 게 중요한 거야. 계속 전진하면서 말이야. 그게 진정한 승리야."

그 위대한 대사. 위대한 배우가 위대한 영화에서 남긴 그 문장을 감히 오늘 내게 적용하는 것이 과분한 줄은 알지만, 그래도 오늘만큼은 나도 주인공이었다.

그리고 그건 결코 작지 않았다.

몸에 센서를 심었다

내심 바짝 쫄아 있었다.

주사는 수도 없이 맞아봤다. 내가 자란 시대는 주사기조차 귀하던 시절이었고, 이른바 '불주사'라는 말 그대로 알코올 램프에 바늘을 달궈 다시 접종에 쓰곤 했다. 바늘 끝에서 연기처럼 증기와 금속 냄새가 피어올랐고, 간호사들은 "움직이지 마세요"를 습관처럼 말했지만 나는 울지 않았다.

그런데 지금은 반대다. 내가 내 몸에 주사를 꽂아야 한다.

그건 마치 본 아이덴티티 같은 액션 영화에서나 나오는 장면처럼 느껴졌다. 주인공이 싸구려 보드카를 반쯤 들이켜고, 나머지 반은 상처 부위에 부은 뒤 이를 악물고 칼날을 뽑는 그런 장면. 하지만 현실은 영화보다 조용하다.

"찰칵."

중지손가락만 한 센서 삽입기의 스프링이 반동과 함께 튀어 오르며, 내 상완삼두 근육 안으로 1cm짜리 바늘이 밀고 들어왔다. 그 짧은 0.3초. 단순한 침습이지만 내 뇌는 긴장했고, 오만가지 후회가 동시에 밀려왔다.

하지만 아무 일도 일어나지 않았다. 나는 놀랄 정도로 멀쩡했고, 삽입은 순식간에 끝났다. 몸보다 더 과민했던 건, 삽입 몇 시간 전부터 설명서를 몇 번이나 다시 읽고 유튜브 영상을 돌려보며 "괜찮아, 별거 아니야"라고 스스로를 안심시키던 나 자신이었다.

나는 지금 내 팔 안에 기계를 하나 넣고 살아가고 있다.

이 기계는 동전만 한 크기의 혈당 측정 센서다. 아주 얇은 채혈침을 통해 피 속의 당 수치를 5분마다 추출해, 블루투스를 통해 스마트폰으로 전송한다. 따로 채혈할 필요도 없고, 바늘을 따로 준비할 필요도 없다. 24시간 내 몸의 당 변화를 기록하고, 앱에서는 통계와 추세까지 시각화해준다. 마치 내 몸의 데이터를, 내 손에 '가시화'해서 보여주는 작고 조용한 실험실이다.

공깃밥 한 공기, 흰 식빵 한 조각, 달달한 아메리카노 한 잔. 이런 것들이 내 혈당을 어떻게 흔드는지, 전에는 감각으로밖에 몰랐지만, 이제는 수치로, 그래프로, 그리고 알림음으로 알 수 있다.

'당스파이크'라는 개념이 있다. 어떤 음식을 먹으면 혈당이 순간적으로 정상 범위를 벗어나 급상승하고, 이를 억제하기 위해 인슐린이 과도하게 분비되는데, 그 반복이 당 대사의 고장을 일으킨다. 그 결과가 바로 '당뇨병'이다.

　나는 비교적 튼튼한 육체를 물려받았다. 복싱과 프로레슬링 같은 격투 스포츠를 일주일 간격으로 치러도 몸에 큰 이상이 없다. 관절은 여전히 말 잘 듣고, 근육의 반응도 느리진 않다. 특히 타격 내성은 웬만한 외국 헤비급 레슬러들도 혀를 내두를 정도였다.

　그러나 몸 안의 시스템은 다르다. 수년 전부터 아버지는 당뇨로 인해 신장 투석을 받고 있다. 삶의 리듬이 더 이상 하루 24시간이 아니라 주 3회, 각 4시간짜리 혈액투석 일정으로 바뀐 지 오래다.

　유전은 침묵 속에 전해지고, 침묵 속에서 발현된다. 나는 그 가능성 앞에서 선제적으로 방어를 구축해야 했다. 그래서 이 혈당 센서를 삽입했다. 마침 그날, 아버지도 병원에서 보청기를 이식하셨다. 당뇨성 난청으로 인한 보청기 수술. 아버지와 나는 그날 동시에 몸에 기계장치를 이식했다.

　블레이드 러너의 세계가 먼 미래라고 생각했던 내가 이제는 직접 그 세계관 속에 살고 있었다. 피부 아래 기계, 기계 위의 의지. 하나는 혈당을 감시하고, 하나는 소리를 증폭시킨다. 의식이 유지되는 한, 우리는 기계와 함께 산다. 이질적인 것이 아니라, 점점 더 친밀해지는 감각.

이런 감각은 단지 의료 기술의 문제가 아니다. 미치오 카쿠는 노화를 '신체적 오류가 점차 축적되는 과정'이라고 말했다. 그 오류는 유전자의 복제오차이기도 하고, 외부 충격, 잘못된 식습관, 혹은 복싱장에서 한쪽으로만 돌아간 목 디스크일 수도 있다. 우리 몸은 하루에도 수천 번씩 이 오류를 수정한다. 하지만 언젠가는 더 이상 수정을 견디지 못하고 붕괴한다.

나는 그 붕괴를 최대한 늦추고 싶었다. 그래야 60세까지 링 위에 설 수 있기 때문이다. 그러기 위해 많은 것을 '내려놓기' 시작했다.

10월 말, 커피를 끊었다. 아침마다 커피 머신에 물 붓는 습관이 사라지자, 내 오전은 낯설어졌다. 그리고 이제 곧 맥주도 내려놓을 예정이다. 운동 후 식도를 타고 내려가던 그 탄산과 알코올의 타격감. 하지만 알고 보니 맥주는 '마시는 빵'이었고, 내 몸의 대사는 그것과 상극이었다.

산불이 나면, 무엇을 빨리 내려놓느냐에 따라 생존이 달라진다고 한다. 나는 지금 오래 살기 위해서가 아니라 더 오래 나답게 살기 위해 천천히 내려놓는 중이다. 좋아하던 것들을, 익숙한 습관을, 작은 중독들을.

인생은 1회용이다. 컴퓨터처럼 리셋 버튼도 없고, 자동저장 기능도 없다. 오류가 나면 손으로 고쳐야 하고, 실수하면 그대로 결과를 받아야 한다. 그런 인생이라서 한 줄 한 줄을 더 진지하게 써볼 가치가 있다.

지금 내 팔 안에서 돌아가는 센서의 신호음이 삶의 배경음처럼 들린다.

삐, 삐, 삐—

전투 준비.

나는 아직도 훈련 중이다.

부력이라는 이름의 취미

"강사님, 힘들고 괴로울 때 그걸 이겨내는 비결이 따로 있으세요?"

지난주, 올해 마지막 고3 대상 진로 특강 중이었다. 강의가 거의 끝나갈 즈음, 맨 뒷줄에 앉은 조용한 학생이 손을 들었다. 교실 한구석에서 낮은 목소리로 조심스럽게 던진 질문이었지만, 그날의 수많은 말 중 가장 깊게 남았다.

순간 할 말을 고르느라 잠시 멈칫했다. 언제나 그렇듯 가장 진심 어린 질문은 가장 조심스럽게 답해야 한다. 그 자리에서 내가 한 말을 이 글을 빌려 다시 정리해본다.

먼저 이 질문에 제대로 대답하려면 아주 근본적인 물음부터 들여다봐야 한다.

"사람은 왜 사는가?"

흔히들 인생의 목적은 성장, 성공, 행복, 사랑 등등이라고 말하지만 나는 다르게 말한다. 인생의 목적은 취미다. 우리는 고통을 느끼려고 태어나지 않았다. 끓는 물에 뛰어들기 위해 태어난 생명체는 없다. 지구상 대부분의 생명체가 번식과 섭식이라는 1차적 본능 충족을 위해 존재하지만, 인간은 조금 다르다. 인간은, '즐기기 위해' 살아간다.

노는 인간. 호모 루덴스(Homo Ludens). 이 개념은 1938년, 네덜란드 학자 요한 하위징아가 제시했다. 그는 인간을 '이성적 존재(호모 사피엔스)'나 '도구적 존재(호모 파베르)'가 아니라 '놀이하는 존재'로 정의했다. 우리의 문화, 철학, 종교, 예술, 스포츠 같은 모든 활동은 사냥을 마친 고대인들이 춤추고 노래하며 낙서를 하고 무리 지어 노는 것에서 출발했다고 그는 주장한다. 이 말을 조금 바꾸면 이렇다. 삶은 고통 사이사이에 삽입된, 놀음의 조각들이다.

그 놀이를 우리는 '취미'라고 부른다. 아마도 선대의 지혜는 노는 것을 좀 더 고상하게 표현하고 싶어서 '취미'라는 이름을 붙였을 것이다.

나는 그래서 말한다. 힘들고 괴로울수록 취미를 즐겨야 한다. 그게 삶의 밑바닥에서 우리의 '부력'이 된다. 우리가 다시 수면 위로 떠오를 힘, 그건 취미에서 온다. 물론 현실은 녹록치 않다. 취미는 크게 두 종류로 나뉜다. 돈이 드는 취미, 그리고 돈이 들지 않는 취미. 냉정하게 말하자면, 돈이 많이 드는 취미가 더 즐겁기 쉽다. 어느 정도는 인정해야 한다. 승마나 골프 같은 귀족 스포츠는 말할 것도 없고, 모형 프라모델 같은 것도 처음엔 몇천 원짜리로 시작하지만 점점 수준이 올라가면 수십만 원짜리를 사게 된다. 음악도 마찬가지다. 기타를 치다 보면 결국 이펙터, 앰프, 심지어는 녹음 장비까지 사게 된다. 운동도 예외는 아니다. 한겨울 추위에 놀이터에서 철봉에 매달리는 것보다 난방 잘 되는 실내 센터에서 전문 트레이너와 덤벨을 드는 것이 훨씬 쾌적하고 효과적이다. 그래서 나는 오히려 더 강조한다.

"돈이 안 드는 취미, 꼭 하나쯤은 만들어라."

나에게도 그런 취미가 있다. 좀 특이하긴 한데, 일제강점기 적산가옥이나 50~70년대에 지어진 구옥들을 찾아다니는 것이다. 그냥 보면 마음이 편하다. 왜 그런지는 설명하기 어렵다.

고요하게 낡은 벽, 시간이 벗겨낸 외벽의 페인트, 주름처럼 꺾인 처마의 그림자. 그런 것을 보는 순간, 내 마음 한구석에 머물던 덩어리 같은 피로가 녹아내린다.

그래서 강연으로 지방을 갈 일이 생기면 그 지역의 근현대사 박물관에 먼저 간다. 가서 지역의 역사를 보고, 시간이 나면 직접 오래된 골목과 주택을 찾아다닌다. 돈은 들지 않는다. 시간과 발품만 들 뿐이다. 하지만 이 취미는 서울로 처음 상경해 식당 문간방에 살던 시절에도 나를 살게 해줬다.

또 하나는 책이다. 시립 도서관, 구립 도서관, 복지센터 북카페, 심지어는 지하철역 안의 책 쉼터까지. 대한민국은 생각보다 지식 접근권이 풍부한 나라다. 노벨 문학상을 받은 작가부터 인류의 지적 정점에 선 석학들의 책까지 단 한 푼도 들이지 않고 읽을 수 있다. 책을 읽는다는 건, 한 인간의 평생을 몇 시간 안에 체험하는 일이다. 내가 상상도 못할 길을 그들의 문장 속에서 걸어볼 수 있다.

서울에서 처음 밥 한 끼가 버거웠던 시절, 나는 책을 읽었다. 돈이 없어 걸어서 출퇴근하던 시절에도 도서관은 무료였고, 그 안에서 나는 세계를 배웠다. 혹 아직 '돈이 안 드는 취미'를 찾지 못했다면, 꼭 한 번 찾아보길 바란다. 그건 삶이라는 거친 파도 속에서 우리를 떠오르게 해주는 구명튜브와 같다. 그 취미 하나가 삶의 끝에서 다시 앞으로 나아갈 힘이 된다.

취미는 위로다. 취미는 방향이다. 취미는 목적이자, 중간 기착지다.

그것이 바로 '버티는 기술'의 정체다. 나는 그렇게 오늘도 시간을 들여 오래된 건물을 찾아다니고 도서관에서 책을 읽는다. 그리고 그 취미 덕분에 이 질문에 대답할 수 있었다.

"강사님은, 어떻게 이겨내세요?"

나는 취미로 이겨냅니다.

새해 첫날 운이 좋은 남자

해돋이를 보러 가기로 했다. 새해 첫날, 가능한 한 빠르게 떠오르는 해를 보고 곧장 체육관으로 가서 새해 첫 운동을 하자는 계획이었다. 다소 교과서적이고 의지 과잉처럼 보일 수도 있는 계획이었지만, 그렇기에 오히려 지키고 싶었다. 장소는 가까운 행주산성으로 정했다. 집에서 차로 10분이면 닿을 거리. 계획대로라면 일출 후 곧바로 몸을 덥힐 수 있는 동선이었다. 2024년은 그렇게 시작될 예정이었다. 하지만 세상 일은 늘 그렇듯, 계획대로만 굴러가지 않았다.

산성 초입까지는 수월했지만, 약 400미터 남은 진입로부터 차량이 꼼짝도 하지 않았다. 이틀 전 내린 눈에 미끄러운 길, 밀려든 차량들이 정체를 빚고 있었다. 겨우 목적지에 도착했을 즈음, 청천벽력 같은 소식이 전해졌다. 행주산성 일출 행사는 취소되었고, 대첩문조차 3시간 뒤에나 개방된다는 공지가 울려 퍼졌다. 차를 돌리기로 했다. 다소 허탈한 기분을 억

누르며 방향을 틀던 그때, 하얀 파카를 입은 한 여성이 양팔을 크게 흔드는 모습이 눈에 들어왔다.

비상사태처럼 다급한 손짓. 창문을 내렸다. 여인은 아버지로 보이는 노인과 함께였다. "죄송하지만, 혹시… 대로변까지만 좀 태워주실 수 있을까요?" 요즘 세상에 히치하이킹이라니. 남의 차를 타본 적도, 태워본 적도 없던 내게는 낯선 요청이었다. 하지만 눈발 섞인 칼바람과 두 사람의 옷차림, 그리고 잠깐의 정적. 차문을 열었다. "새해 복 많이 받으세요. 어서 타세요."

차 안은 처음엔 어색할 정도로 조용했다. 정체 구간이라 속도를 낼 수도 없었고, 정적은 더 무겁게 느껴졌다. 내가 먼저 말문을 열지 않았다면, 그 침묵은 차창에 서리처럼 더 두텁게 맺혔을 것이다.

사연은 이랬다. 새해 일출을 보기 위해 택시를 타고 왔지만, 행사 취소에다 이른 시각이라 콜택시도 잡히지 않아 급한 마음에 손을 흔들었다는 것이었다. 목적지를 묻고 내비게이션을 찍어보니 약 10km. 체육관을 조금 늦춰도 될 거리였다. "제가 모셔다 드릴게요. 어차피 오늘 하루 길잖아요." 부녀는 서로를 바라보며 고개를 저었다. "괜찮습니다, 너무 폐가…" 그때 나는 내 정체를 밝혔다. "혹시 모르실까 봐요. 저는 김남훈이라고 하고, WWE 해설도 하고, 포털 검색하면 나옵니다." 뒷

좌석에 앉은 딸이 스마트폰을 꺼내 검색했다. "정말 나오시네요. 프로레슬링도 하시고… 방송도 하시고…"

이 한마디에 공기의 온도가 달라졌다. 분위기는 완전히 풀렸고, 차 안에 따뜻한 대화가 스며들기 시작했다. 알고 보니 따님은 한의사였고, 이름이 제법 알려진 분으로 예능 프로그램에도 출연한 적이 있다고 했다. 나는 웃으며 말했다. "직업상 침 맞을 일이 꽤 많습니다. 다음엔 제가 찾아갈게요." 겨울 아침의 흐릿한 빛이 차창 너머로 스며들었고, 부녀의 표정이 점점 부드러워졌다. 따님은 말했다. "사실 오늘 좀 특별한 날이 될 줄 알았어요. 작년 한 해 몸도 마음도 많이 지쳤거든요. 그래서 아버지랑 둘이서 일출을 보기로 했는데… 이렇게 다른 방식으로 기억에 남을 줄은 몰랐네요."

그 말을 듣는 순간, 마음속에 잔잔한 무언가가 피어났다. 한 사람의 말을 통해 한 해의 무게가 옅어지는 경험. 내가 그 장면의 일부가 되었다는 사실이 이상하게 기뻤다.

차는 부드럽게 목적지에 도착했다. 우린 다시 인사를 나눴고, 나는 조심스럽게 차를 돌렸다. 돌아오는 길, 문득 오타니 쇼헤이의 이야기가 떠올랐다. 운을 만들기 위해 선행을 한다는 세계 최고의 야구선수. 그는 경기장에 떨어진 쓰레기를 줍고, 자신을 삼진 잡은 투수의 사인 요청에도 흔쾌히 응하며, 수천만 엔을 기부한다. 운이 '하늘에서 떨어지는 것'이 아니라 '짓는 것'이라고 믿는 사람. 그 계산은 유익하고 아름답다.

　나도 작게나마 오늘 운을 지은 것 같았다. 눈 내린 새벽, 아무도 모르게 시작된 작은 선행. 그들이 준 건 감사가 아니라 내 삶에 잠깐 피어난 이야기의 온기였다. 그리고 정기 연재 첫 회를 무엇으로 쓸까 고민했던 나에게 이보다 더 좋은 시작이 어디 있으랴. 새해, 좋은 이야기는 그렇게 시작되었다.

고민하는 후배에게
— 행복한 인생이란

"행복은 평범함 속에서 살아가는 예술이다." 체호프의 『벚꽃동산』에서 나온 이 구절을 처음 읽었을 때, 내 안에 오래 머물렀던 단어 하나가 불쑥 떠올랐어. '충만'. 채워짐과는 조금 다른 말이야. 충만은 더는 필요하지 않을 만큼 가득 찬 어떤 상태, 내가 지금 이 순간 살아 있다는 것 자체로 충분한 감각. 어쩌면 나는 그날 이후로 행복을 그렇게 정의하고 있었던지도 몰라. 그러니까 내 식대로 말하자면, 행복이란 '내일에 대한 걱정 없이 저녁을 맞이하는 것'이지. 겨우 한 줄이지만 이 문장을 온전히 살아낸다는 건 결코 쉬운 일이 아니야. 과연 살면서 이런 상태를 충만하게 누리는 사람이 얼마나 될까? 많지 않을 거야. 많았다면 '행복'이라는 단어가 이렇게 귀하게 다뤄지진 않았을 테니까.

 행복은 아마도 내가 인생의 어느 지점에 서 있느냐에 따라

정의가 달라질 거야. 초등학교, 아니 국민학교를 다닐 때 가장 행복했던 시간은 단연코 토요일 저녁이었어. 다음 날이 일요일이라 학교에 가지 않아도 되었기 때문이지. 특별히 학교가 싫었던 건 아니지만, 뭔가 나를 짓누르던 '다음 날'이 없다는 사실만으로도 자유로웠어.

성인이 되어 한동안 공사 현장에서 일한 적이 있어. 높은 빌딩은 아니었지만, 거대한 철근 뼈대가 조금씩 구조를 갖춰가며 도시 속으로 스며드는 걸 지켜보는 건 묘한 감동이었어. 뭐, 내 건물도 아니었고, 누가 내 이름을 기억해줄 것도 아니었지만, 그래도 그 현장에서 흘린 땀이 단단한 돌덩이를 부수고, 골라내고, 정리해가는 과정을 통해 '세상에 의미 있는 어떤 것'이 세워진다는 감각. 꽤 괜찮았어. 인간과 기계, 땀과 설계가 함께 어우러져 '건물'이라는 의지를 공간에 새기는 것. 그것이 태양을 가려 그늘을 만들어낼 때 나는 경외에 가까운 감정을 느꼈지. 영국 산업혁명기에 공장 굴뚝에서 나오는 연기를 찬미한 시인들이 이해가 되던 순간이었어.

그런 시간들을 지나, 나는 그 돈으로 중고 모터사이클 한 대를 샀어. 전 주인이 잃어버린 열쇠를 동네 열쇠집에서 복제한 듯 허름하고, 귀퉁이가 맞지 않아 키박스에 잘 들어가지도 않던 모터사이클. 좌우를 가리지 않고 쓰러졌고, 순정 부품 대신 누군가가 정처 없이 조립한 대체 부품으로 연명하던 기계.

마치 빅터 프랑켄슈타인이 압생트에 취해 조립 순서를 잊고 만든 괴물처럼. 하지만 그 모터사이클은 나에게 완성된 물건이 아니라 살아 움직이는 존재처럼 느껴졌어. 그리고 바로 그 불완전함 속에서 나는 충만한 행복을 느꼈지.

 태양이 완전히 서쪽으로 넘어가고, 하늘이 짙은 남색에서 검정으로 물드는 시간. 좁은 골목에 위태롭게 세워진 그 바이크는 해풍에 나뭇가지조차 잃은 늙은 소나무 같았어. 하지만 오른손으로 스로틀을 감을 때마다 진동을 일으키며 앞으로 나아가는 그 순간, 나는 내가 살아 있다는 걸 온몸으로 실감했어. 단기통 12마력짜리 소형 엔진이 만들어낸 직진성. 국도를 따라 흐르는 기체화된 자유. 언제나 동쪽으로 달렸어. 나도 모르게 본능적으로 태양을 따라가고 있었지.

 때때로 뒷자리에 염색체가 다른 누군가를 태우기도 했어. 못 믿겠지만 나 꽤 인기 좋았어. 모터사이클은 자동차와 달리 앞뒤로 앉잖아. 내 머리가 방향을 잡고, 내 손이 출력을 조절하며, 뒷사람은 그저 내 허리를 잡고 함께 속도를 견딜 뿐. 아직은 단단했던 내 허리를 두 손으로 꼭 잡고 있던 그녀의 체온이 생각나. 영화 〈그대 품에 다시 한번〉의 마리안느 페이스풀과 알랭 들롱이 떠올랐고, 〈천장지구〉의 유덕화와 오천련이 내 헬멧 너머로 자꾸 튀어나오던 밤이었지. 별다른 맥락 없는 외로움이 그날따라 유난히 묵직하게 흘렀어.

돌이켜보면, 내가 진정으로 행복했던 순간은 단순히 모터사이클을 탔기 때문이 아니었어. 그것은 노력에 대한 정직한 보상이었고, 세상의 일부가 되어 무언가를 건설해낸 뒤 내 손으로 얻은 열쇠가 선물해준 자유였지. 그 행복은 다시 내일 공사 현장으로 향하는 나의 발걸음에 약간의 힘을 실어줬고, 이튿날 아침 내가 버스를 타고 서울로 향할 수 있게 해줬어. 모터사이클을 몸으로 느꼈다면, 머리로 이해하고 싶어서 일본어 잡지를 사봤어. 당연히 읽을 수 없었어. 하지만 모국어 이외의 언어를 가장 빠르게 습득하는 방법이 그 언어가 쓰이는 환경을 적극적으로 구성하는 것임을, 그때 처음 실감했어.

나는 학원 수업을 오전과 저녁 두 타임으로 나눠 수강하며 그 사이 시간엔 로비에서 자율학습을 했지. 평택에서 남부터미널까지, 다시 강남역까지 이동하는 여정은 결코 쉽지 않았지만, 카와사키 GPZ900R에 대한 기사를 읽을 수 있다면 아무리 먼 거리도 감내할 수 있었어. 이해할 수 없는 일본어를 반복해서 눈에 익히고 귀에 익히며, 서서히 기억 속에 남기기 시작했을 때, 그것은 그 자체로 하나의 감정이 되었어. 학습은 언어만이 아니라, 감정도 품을 수 있다는 것을 알았지.

행복의 반대말은 불행이 아니라 '불안'이라는 말이 있어. 충만한 감정으로 대지에 서서 고개를 들어 하늘을 볼 수 있다면 그것은 행복이고, 몰려오는 태풍에 나침반을 부여잡고 방향을 잃을까 불안에 떠는 상태, 그게 불안이야. 우리는 자주 행복하면서도 불안한 척하고, 불안하면서도 행복한 척해. 특히 SNS 시대에는 많은 이들이 스스로의 감정과 형편을 배신하면서 타인을 속이고, 심지어는 자신을 속여. 진짜 문제는 행복을 느끼지 못하는 감정도, 불안함도 아니야. 그 감정들조차 가짜로 꾸며야 할 때, 그게 진짜 불행이야.

　나는 내 손으로 지은 건물을 갖진 못했지만, 그 건물을 세우는 과정에 있었어. 내 바이크는 전문지 표지를 장식할 수 없었지만, 내게는 누구보다 찬란한 이동 수단이었어. 일본어는 유창하지 않았지만, 내 불안을 밀어냈고, 내 의지를 이끌었어. 그렇게 노동과 학습이라는 가장 인간적인 방법으로 나는 불안을 행복으로 바꿨지. 그때 느낀 행복은 아직도 내 안에서 숯처럼 꺼지지 않는 불씨로 남아 있어.

　불안해? 잘 됐다. 이제 행복해질 준비가 된 거야. 불안은 사라져야 할 것이 아니라, 방향을 잡아줄 나침반이야. 그 바늘이 가리키는 방향으로 조금씩 걸어가면, 언젠가 충만한 저녁이 기다리고 있을 거야. 걱정 없는 저녁, 그 한 줄의 문장을 오늘도 나는 믿는다. 그건 내가 살아 있다는 증거니까.

할 수 있는 것이 없습니다

이재룡, 신은경, 전광렬 같은 당대 최고의 스타들이 열연했던 MBC 드라마 『종합병원』에서 말기 암 환자들이 듣는 결정적인 대사. "할 수 있는 것이 없습니다." 이 말을 나는 2023년 9월, 의사에게서 들었다. 다행히 생명이 경각에 달린 것은 아니었고, 문제는 '무릎'이었다. 20년 넘게 격투 스포츠의 링 안에서 살아오며 쌓인 부상, 그리고 수시로 떠나는 출장과 과업을 이유로 스스로에게 후순위로 미뤄온 그 후과가 결국 돌아온 셈이다. 의사의 말에 따르면, 내 무릎 상태는 "80세 노인과 유사하다"는 것이었다.

놀라운 건 이 냉정한 진단을 내린 사람이 내가 평소에 다니던 병원의 의사가 아니라는 점이다. 원래 진료받던 의사는 주사를 놓고, 다양한 치료를 시도하며 상태를 늦추기 위해 애쓰던 분이었다. 그런데 일본 출국을 앞둔 급박한 일정 속에 예약이 맞지 않아 처음 가본 진료실에서 마주한 의사는 마치 프로그램화된 컴퓨터처럼 말하곤 했다. "수술해도 돌출된 뼈는 또 자라요. 체외충격파는 의미 없고, 스테로이드 주사도 이제 한계입니다. 할 수 있는 건 없습니다." 진단보다는 단념, 설명보다는 단절. 이미 패배를 확약받은 선수처럼, 링에 오르기 전에 결과가 결정된 상태로 비행기에 올랐다. 그날 이후 컨디션이 좋을 리 없었다.

나는 신체적 고통이 어떤 불편과 공포를 유발하는지 너무나 잘 안다. 격투 스포츠는 몸을 쓰는 일이 아니라, 몸을 감내하는 일이라는 걸 배운 게 몇 해 전의 일이 아니다. 전쟁 전이 아니라 전쟁 후에 군인들의 자살률이 급격히 상승하는 것도 이와 같은 맥락일 것이다. 미국의 통계에 따르면 퇴역군인의 하루 평균 자살률은 17명. 군복무 중이 아니라 제대한 이후에, 전투를 마친 후에 오히려 더 깊은 어둠이 찾아온다는 것이다. PTSD, 후유증, 그리고 '쓸모없어진 신체'를 바라보는 본인의 시선. 그것이 목숨을 위협한다.

나는 안다. 이가 부러진 경험이 있어서 안면 타격이 무섭다. 발가락 골절 이후 여름 내내 깁스를 하고 목발을 짚었기에 킥을 하는 것도, 맞는 것도 두렵다. 목 뒤의 데미지로 하반신 마비가 왔던 적이 있어, 후방 낙법을 할 때는 의식적으로 경추를 보호한다. 경기 전 대기실에서 나는 종종 선수에게 이런 말을 남긴다. "Don't hit my mouth and neck. If you hit, I will kill you.(내 입과 목은 치지 마. 그러면 너도 무사하지 못할 걸.)" 농담처럼 들릴 수도 있지만, 절박함의 방식이기도 하다.

이제 여기에 '왼쪽 무릎'을 더 추가해야 한다는 생각이 들자, 그날부터 한동안 멍하니 앉아 있는 시간이 늘어났다. 무릎이 고장 난다는 건 그냥 걸음을 옮기기 힘들어진다는 말만이 아니다. 단순한 신체 부위의 기능 저하가 아니라, 삶을 지탱해오던 방식의 구조적 붕괴일 수도 있다는 점에서 더 깊게 다가왔다.

귀국 후 다시 원래 진료받던 병원을 찾아갔다. 정밀MRI 촬영 결과 역시 상황은 좋지 않았다. 하지만 이번에는 이야기가 달랐다. 증상은 그대로였지만, 접근이 달랐다. 지금 할 수 있는 스트레칭과 재활운동, 기계치료를 조합하며 악화를 늦추고, 연말쯤엔 무릎의 가동성을 막는 뼈들을 제거하는 수술을 계획해보자는 것. 똑같은 데이터를 기반으로 이렇게 다른 태도를 보이는 이유는 무엇일까. 의사마다 어법이 다른 것일까, 아니면 환자에게 기대하는 '전제' 자체가 다른 것일까. 나는 그날 말의 무게가 진단의 무게를 초과하는 순간을 다시 한 번 경험했다.

나는 숙제를 주면 해내는 사람이다. 그리고 작은 과업들을 하나하나 완수하며 결과물들이 모여 쌓여가는 걸 기꺼이 지켜볼 줄 아는 사람이다. 그런 성향이 아니었다면, 대출이 7년

남은 집을 떠안지도 않았을 것이고, 20년 완납된 종신보험을 끝까지 유지하지도 못했을 것이다. 감당이 가능한 고통을 구조화해서 정리하고, 일정한 기간 안에 수행 가능한 의무로 전환한 뒤, 결국 해내는 사람이 되기를 반복해온 것이다.

다가오는 11월 말, 권투 경기. 그리고 12월 말, 프로레슬링 매치. 이 두 개의 과업은 예외 없이 해내야 한다. 그것이 끝나면, 생애 첫 무릎 수술과 회복을 향한 단계적 계획을 착실히 밟을 것이다. 회복은 단순한 물리치료의 영역이 아니라, 나에게 있어선 레슬러로서의 정체성을 지키는 일이며, 동시에 10년 후의 은퇴를 향한 여정이다.

내가 설정한 은퇴는 2만 명 이상의 유료 관객이 있는 아레나에서의 경기다. 그것은 꿈이나 망상이 아니라, 나에게는 과업이다. 그리고 그 과업은 내 몸이 지금보다 퇴보하지 않아야만 가능한 일이다. '할 수 있는 것이 없다'라는 말은, 나에게 있어선 진단이 아니라 금기어다.

아직 라운드는 끝나지 않았다. 피를 닦고, 다시 한 번 손을 들어야 한다.

그래야 경기다. 그래야 나다.

내가 진짜 원하는 삶

"그래도 우리는 앞으로 나아가야 한다.
배를 젓는 우리의 팔처럼, 과거를 향해 밀려갈지라도."

— F. 스콧 피츠제럴드, 『위대한 개츠비』

처음 프로레슬링에 입문했을 때였어. 온몸이 시커멓고 이글거리는 눈빛이 마치 불이 붙은 것 같아서 '번개탄'이란 별명이 붙은 띠동갑이 넘는 선배가 있었어. 어깨가 떡 벌어지고 팔은 마치 오랑우탄마냥 땅에 길게 늘어진, 강해 보이는 남자였어. 지금은 배기가스 때문에 쓰지 않는 투사이클 스쿠터를 타고 다녔는데, 머플러에 구멍이 났는지 소리가 엄청나게 컸지. 도장 안에서 저 멀리 그 배기음이 아주 작게 들리다가 2차 대전 독일군 폭격기 슈투카가 급강하할때처럼 귓전을 때리는데 정말 무서워서 다리가 떨릴 정도였어.

준비 운동을 시키는데 팔굽혀펴기 100개, 복근 200개, 스쿼트 300개를 3세트를 하는 거야. 그 후엔 앞구르기를 하다가 뒷구르기를 하는 거야. 언제까지? 간단해. 토할 때까지. 입 안에서 탄 냄새가 나더라고. 한켠엔 어른 허벅지보다 굵은 버킷이 있었고, 정 급할 땐 거기에 쏟아내는 연습생들도 있었어.

회칠을 한 체육관 허연 벽에 손자국과 오물이 있었는데, 처음엔 몰랐던 그 자국들의 그 정체를 나중에야 알게 됐지. 이걸 못 견뎌서 그랬을까? 훈련이 끝나고 합숙소에서 잠을 청하면 새벽에 숲속에서 구슬픈 새소리가 함께 인기척만 내고 연기처럼 사라지는 이들이 속출했어. 아마 달랐을 거야. TV로 보면서 관객의 입장에서 보는 것과 달리, 직접 링에 올라갈 준비를 한다는 것은 무릎까지 푹푹 빠지는 진창 속을 걷는 것처럼 더디고 짜증 나는 일이었으니까.

나도 그랬어. 나는 회사도 다니는 직장인이다 보니까 이런 기본 체력 훈련을 따라가는 게 너무 힘들었지. 기술 연습은 언제 하는 걸까? 클로스라인은 언제 배우지? 바디슬램으로 번쩍 들어서 메치고 싶은데 왜 연습도 안 시키는 걸까? 나중에 일본 선수들에게 이야기를 들어보니 그곳은 더 엄격해서 아예 입문하고 3년까지는 링에 올라가지도 못하고 심지어 등진 채 훈련을 시키는 곳도 있다고 하더군.

난 이걸 왜 버텨냈을까? 그건 내가 원하는 삶이었기 때문이야. 도덕적 의무감이나 교육에 의해서 강제된 것이 아닌, 내가 정말 원하는 삶으로 갈 수 있는 길이라 믿었기 때문이야. 당연하지. 선생님이 나보고 프로레슬러가 되라고 했나? 부모님이? 사회가? 아니야. 순전히 내가 하고 싶은 일이기 때문에, 내가 선택했기 때문에. 그래, 한 번 오려면 버스를 두 번 갈아타고 마지막엔 30분 가까이 걸어야만 하는 이곳 도장에 온 이유는 오직 하나, 내가 선택한 길이었기 때문이야.

  몇 시간씩 계속되는 기본 체력 훈련은 그 목적과 의미를 생각하지 않으면 어쩌면 그저 고문에 가까워. 하지만 그 최종 결승점을 생각하면 순식간에 가치 있는 것이 되어버리고 말지. 그리고 무의미한 게 아니더라. 풀밭에 자라난 잡초 중에 어떤 것이 더 빨리 크는지 바라보는 게 더 재미있게 느껴질 정도로 지루하고, 젖산 가득한 기본 체력 훈련이 결국 시합에서 나를 구하고 상대를 구하더라고. 상대와 맞붙는 순간 체력이란 한여름 인도에 어린아이가 떨어뜨린 아이스크림마냥 순식간에 녹듯이 사라져버려. 심장 박동수는 순식간에 150에서 180을 넘겨버리고 온몸의 근육들은 광배근, 대퇴사두근, 척추기립근 순서대로 수축과 반복을 하면서 근세포 안에 담고 있던 에너지를 모두 써버리지. 물론 지금까지 여러 운동을 해왔기에 이런 순환엔 적응이 돼 있지만 '링'에선 모든 게 너무 빨라. 그리고 너무 격렬해서 100m 달리기마냥 전력 질주를 하다가 끝나버리는 거야. 데뷔전 때는 몰랐는데, 십여 경기 뛰고 나니까 그때 했던 기초 체력 훈련을 다시 떠올리게 되더라고. 그렇게나 지루하고 하기 싫었던 훈련들이 없었더라면 벌써 포기했겠구나. 아무 생각 없이 허겁지겁 쌓아 올린 젠가(Jenga)처럼 몇 뭉치 뽑지도 못하고 그냥 숨소리에 무너졌겠구나라는 생각이 들더라고. 그리고 프로레슬링은 상대 선수의 공격을 받아주면서 경기를 관객들이 이해하기 쉽게끔 하는 장르적 특성이 있어.

복싱이나 종합격투기는 진검승부의 틀 안에서 때론 지루한 공방이 나오지만, 프로레슬링은 숙달된 요리사가 손님의 취향에 맞추어 전채와 주요리, 곁들임, 후식을 재량껏 세팅해서 내놓는 것처럼 기승전결과 함께 클라이맥스를 조절하지. 아뮤즈 부쉬(amuse-bouche)로 록업을 내놓고 참으로 기대감을 높인 다음 트러플 크림 수프로 바디슬램을 내놓는 거야. 맞아, 바디슬램은 실망을 시키는 법이 없지. 그리고 오늘의 메인요리는 뭘까? 스피어? 저먼 스플렉스? 여기서 셰프의 '실력'이 나오는 거야. 너무 뻔하면 안되고 너무 기대를 벗어나서도 안되거든. 혹시 알아? 마지막 디저트로 마카롱 대신 다이빙 센톤을 내놓을지. 셰프가 주방을 자신의 캔버스로 활용하듯이, 레슬러도 링에서 자신의 육체로 표현을 해내는 거야. 또한 상대방을 공격하되 심각한 부상을 입히지 않도록 노력해야 해. 그런데 내 체력이 먼저 빠져버리면 불완전한 형태로 기술이 들어가고 의도하지 않게 상대방에게 심각한 부상을 입힐 수도 있어. 즉 체력이 있어야만 상대를 다치지 않게 할 수 있는 거야.

신인 시절 용인 모현면 체육관 주변엔 지루함만 가득했어. 그 지루함은 비중도 높아서 공기 중을 떠다니거나 날라가지도 않고, 한 줄기의 변주도 없이 무겁게 내려앉아 있었지. 그리고 훈련이 끝나면 코를 송곳으로 찌르는 암모니아향 가득한 땀 냄새가 아주 약간의 변화만 주었을 뿐이야. 서울 대림동에서 전철과 버스를 서너 번 갈아타고 마지막엔 2km 남짓 걸어야만 했던 도장 가는 길. 완전히 소진된 육체를 간신히 건사하며 돌아왔던 길. 색으로 따지면 무채색, 색감과 채도도 없는 무채색의 그날 하루를 빈틈없이 메꾸고 있었어.

그런데 그 길이 의미가 없었을까. 바로 들어서자마자 뺨을 간지럽히는 살랑거리는 봄바람에 괜히 희죽거리면서 걸어갈 수 있는 길이 있는가 하면, 한여름 다닥다닥 붙은 건물들 사이로 삐죽삐죽 튀어나온 실외기 사이로 지나가는 것처럼 열기와 짜증으로 가득 찬 길도 있어. 물론 실외기 열풍보다는 봄에 부는 서풍이 좋지. 하지만 그 길을 걷고 있을 땐 몰라. 이 여정의 끝에 무엇이 있을지 신이 내려준 전두엽과 편도체를 쥐어짜듯 사용해봐도, 도통 이 길의 의미를 모를 때가 있어. 하지만 끝까지 걸어본 사람만은 알 수 있어. 그 길이 얼마나 더웠는지, 얼마나 막막했는지조차 기억을 지우고 나면 남는 건 그 길을 걸었다는 단단한 사실뿐이라는 걸.

봄바람이 불어오던 순간도, 한여름 실외기의 열기마저도 결국 나를 밀어붙인 힘이었다는 걸 깨닫게 될 거야.

길의 의미는 걸어본 후에야 완성된다. 그러니 머뭇거리지 말고 걷자. 어느새 발끝에 맺힌 땀이 길 위의 꽃을 피울 테니까.

복싱 체육관에서 장학금을 받았다

 선수부 출석률이 높은 사람에게 주는 것인데, 내가 3등이다. 상금은 5만 원 정도. 1위와 2위는 모두 코치진이다. 선수부에서 나는 가장 나이가 많다. 심지어 어떤 선수는 그의 부친이 나보다 어리다.

 매일 아침, 체육관 문을 열고 들어가면 부지런한 최 코치가 노래를 흥얼거리며 청소를 하고 있었다. 그가 부동의 1위다. 그 옆엔 그의 직장동료 로봇 청소기가 지적질을 좋아하는 깐깐한 건물주마냥 밑부분에 달린 브러시로 이곳저곳의 오염물을 찾아다니고 있었다. 이 두 존재의 수고 덕분에 정갈해진 체육관은 마치 이곳이 편안한 곳인 양 착각을 안겨주기도 했다. 그러나 선수부가 모여 온몸의 근육을 수축시키고 팽창하다 보면 이곳이 콜로세움에 올라가는 것을 목표로 한 곳이라는 것을 다시 자각하게 되었다.

 땀 냄새가 아니다. 그것은 마치 오래된 싸움터에 남아 있는 흔적 같았다. 규정된 훈련 시간은 50분. 그러나 실제로는 그보다 길었다. 마우스피스를 끼운 채 쉼 없이 섀도복싱을 했다. 초반에는 몸이 가볍다. 그런데 점점 숨이 차오르고, 땀이 등줄기를 타고 흘러내렸다. 코치는 내 펀치가 약하다고 했다. 어깨에 힘을 빼라고 했다. 하지만 어느 순간부터 힘을 빼는 것이 무엇인지도 잊었다. 단순히 계속, 그리고 더 계속 주먹을 뻗었다.

그다음엔 감독님의 신호에 맞춰 헤비백을 두들겼다. 일정한 리듬으로 주먹을 내지르다 보면 어느 순간 머릿속이 멍해지면서 무아지경이 된다. 그런 순간이 온다면, 그것은 좋은 싸움을 할 수 있는 신호다. 하지만 나는 그 단계를 넘어 몸이 기계처럼 움직이는 느낌을 받았다. 주먹을 뻗을 때마다 어깨에서 팔로 이어지는 감각이 희미해졌다. 맞고, 때리고, 움직이고, 다시 원점으로 돌아오는 이 반복의 의미는 무엇일까. 싸움은 어디서부터 시작되고, 어디에서 끝나는 것일까.

그 후에는 미트 트레이닝과 드릴 연습. 팔이 무거워지고, 점점 감각이 둔해진다. 체육관 타이머가 멍하니 나를 내려다본다. 시간은 언제나 일정한 속도로 흐르는데, 내 시간은 여기에서 멈춰 있는 듯했다. 모든 움직임이 느려지고, 주변의 소음이 잦아들었다. 그 순간 이 훈련이 단순한 근육 강화가 아니라 나 자신을 해부하는 과정처럼 느껴졌다. 내 몸은 어디까지 버틸 수 있는가. 내 의지는 얼마나 단단한가. 그리고 나는 왜 여기에 있는가.

　그러나 여기서 끝이 아니다. 정규 훈련이 끝나면 개인 훈련이 이어졌다. 배밀기, 스파이더 워크, 스쿼트 등 내 개인적 경험을 바탕으로 한 훈련들이다. 두 다리가 점점 무거워졌고, 몸이 공중에서 잠깐씩 멈추는 느낌이 들었다. 모든 것이 천천히 움직이는 것 같았다. 러시아 문학 속 주인공들처럼 내 몸이 무언가 거대한 운명과 싸우고 있는 듯한, 타고난 재능을 가지고 운명의 흐름에 맞는 듯한 착각이 들었다. "내가 그런 존재일 리 없지" 마우스 피스를 문 채 입 밖으로 마음 속 생각을 겉으로 꺼내버리고 말았다. 부끄럽다. 옆에 있는 강 관장이 들었을까 염려스러워 살짝 쳐다봤지만 그는 데드 리프트를 하느라 못 들은 것 같다. 아니 어쩌면 못 들은 척 하는 것일지도 모른다. 어쨌든 나는 이 무의미한 듯한 반복을 계속해야만 했다.

　폴라 심박계를 이용해 계측한 자료를 바탕으로 계산하면 2월 한 달간 태운 칼로리는 총 14,400에서 18,000칼로리 정도였다. 이는 마라톤 선수라면 약 221km에서 277km를 뛸 수 있는 에너지다. 풀코스 마라톤(42.195km)을 다섯 번 이상 완주할 수 있는 양이다. 만약 세단형 자동차였다면, 18km에서 22.5km를 달릴 수 있는 연료에 해당한다. 내 몸은 그만큼을 태우며 앞으로 나아갔다. 땀이 바닥에 떨어져 레테의 강을 만들었고, 난 그 강을 건너며 과거를 잊었다.

 기분이 묘했다. 체육관 한편의 플라스틱 의자에 앉아 땀을 식히면서 생각했다. 노력은 인간을 배신하지 않는다. 그렇다고 반드시 보상해 주는 것도 아니다. 하지만 무언가를 쏟아붓고 나면, 몸이 남다른 방식으로 말해 준다. 그게 단순한 피로든, 만족이든, 혹은 배고픔이든 간에. 아마도 인간이란 존재는 원래 이렇게 만들어진 것일지도 모른다. 계속 싸우고, 계속 반복하고, 그러면서도 희미한 무언가를 좇으며 앞으로 나아가는 것 말이다.

 아직 장학금 5만 원은 받지 못했다. 아마도 카카오톡 이체로 받게 되겠지만, 가능하다면 현찰로 직접 받고 싶다. 도장 한가운데에서 감독님의 손에서 건네받으며, 관원들의 박수를 받는 순간을 떠올려 본다. 땀과 노력이 돈이 되어 내 손에 쥐어지는 느낌을 제대로 만끽하고 싶다. 아마 손에 닿는 감촉이 낯설을 것이다.

 그 돈으로 피곤한 몸을 이끌고 편의점에 들러 삼각김밥과 단백질 음료를 살 생각이다. 딱 5만 원짜리 선수가 먹을 만한 점심일 것이다. 하지만 그 순간 삼각김밥의 밥알 하나하나가 내 노력의 무게만큼이나 실감 나게 느껴질 것이다. 목을 타고 넘어가는 단백질 음료는 그 어느 때보다 농도가 짙을 것이다. 잔돈으로 받게 될 4만 5천원 남짓은 하루 정도 묵혔

다가 은행에 직접 가서 통장에 넣을 생각이다. 그리고 5천원을 다시 보태 유니세프 같은 자선단체에 기부하려고 한다. 내 땀이 나를 살리고 누군가를 돕는다. 잠깐이나마 위대한 존재가 될 것이다.

카페가 사라졌다

TV 장식장 한 켠의 수납함을 정리하다가 쿠폰 뭉치를 발견했다. 명함만한 크기의 얇은 종이들. 위에는 둥그런 스탬프가 정연하게 박혀 있다. 열 개를 모으면 커피 한 잔을 주겠다는 단순하고도 성실한 약속. 천천히 넘겨본다. 여섯 장의 쿠폰엔 합쳐서 스물한 개의 도장이 찍혀 있었다. 몇 번은 무료 커피를 마셨을 테니 최소한 오십 번 이상은 그 카페에서 커피를 마셨다는 뜻이다. 의식하진 못했지만, 나는 그 카페의 일상적인 풍경 속에 꾸준히 출석하며 나만의 작은 리듬을 쌓고 있었던 것이다.

그러나 그 카페는 더 이상 존재하지 않는다. 퇴근길에, 산책 중에, 또는 누구와의 약속을 마치고 돌아오던 길목에 언제나 그 자리에 있던 간판은 사라졌다. 바뀐 간판엔 타코 전문점이라는 문구가 붙어 있었고, 친근했던 유리문은 형광색 배너와 프로모션 전단으로 덮여 있었다. 문을 열면 울리던 맑은 종소리, 진한 원두 향기, 좁은 내부의 나무 가구, 창가의 작은 화분들—모두 사라졌다. 나는 그 풍경의 상실을 실감도 하지 못한 채, 그저 쿠폰을 한 장 한 장 다시 세어본다.

사장님은 늘 혼자였다. 무표정한 듯 보였지만, 주문을 받는 손짓은 언제나 일정했고, 커피를 내리는 동작은 흐트러짐이 없었다. 단골이라는 말을 하지 않아도, 그는 내가 누구인지 알고 있었고, 나는 그가 어떤 커피를 어떻게 내리는지 알고 있었다. 그 침묵은 어색하지 않았다. 오히려 카페가 가진 본질적인 미덕은 그런 '불필요한 말이 없다는 것'에 있었다. 우리는 서로 말을 하지 않음으로써, 오히려 조용히 공존했던 것이다.

한 잔의 커피가 만들어지는 데에는 시간과 손길이 쌓인다. 에티오피아의 고원, 코스타리카의 산자락에서 농부들은 커피 체리를 손으로 따고, 건조시키고, 원두를 고른다. 수천 킬로미터를 건너온 원두를 사장님은 분쇄하고, 물의 온도를 맞추고, 추출의 리듬을 잰다. 나는 그 과정을 바로 눈앞에서 보진 않았지만, 스탬프 한 개가 찍힐 때마다, 그 바깥의 고요한 노동이 하나씩 내 하루에 들어온 셈이다. 그러니까 내 손에 들린 이 쿠폰은 결코 무의미한 종잇조각이 아니다. 스물한 번의 방문, 스물한 번의 추출, 스물한 번의 건네짐. 그것은 기억의 스탬프이며, 사라진 시간의 매뉴얼이다.

지금 남은 것은 쓸모없는 쿠폰뿐이다. 할인도 안 되고 교환도 되지 않는 종이. 그러나 그보다 더 슬픈 것은, 그 커피를 건네주던 사람의 행방이다. 그는 어디로 갔을까. 어쩌면 다른 동네에서 새로운 카페를 열었을 수도 있고, 전혀 다른 일을 시작했을지도 모른다. 혹은 커피라는 세계 자체를 완전히 떠났을 수도 있다. 나는 그와 단 한 번도 사적인 대화를 나눈 적이 없다. 그러나 이상하게도 그의 안부가 자꾸 궁금해진다. 그가 만들어준 커피를 마시며 조용히 나만의 시간을 정리하던 날들이 하나둘 떠오른다. 그 기억의 축적은 사라질 수 없다는 듯이 쿠폰 가장자리에 조용히 각인되어 있다.

  문득 생각한다. 사람도 이렇게 사라지는 걸까. 설명도 없고, 예고도 없이. 하루하루 묵묵히 쌓아온 관계와 일상의 조각들이 이렇게 한순간에 증발해도 되는 걸까. 우리가 남긴 흔적들, 우리가 마주친 시간들, 그것들은 결국 허공에 흩어지고 마는 걸까. 사라졌다는 사실보다 더 슬픈 건, 아무도 사라진 것을 궁금해하지 않는다는 점이다. 그 사람이, 그 공간이 그렇게 조용히 잊혀져간다는 사실 말이다.

  나는 쿠폰을 접어 서랍 깊숙이 넣었다. 그것은 일종의 안치였다. 누군가의 땀과 리듬, 그리고 내 안에서 조용히 부풀어 오르던 온기를 함께 눌러 담은, 사적인 장례. 어쩌면 이 작은 종이 조각처럼, 그도 지금 어딘가에서 천천히 잊혀지고 있을 것이다. 그리고 나도 그에게 잊혀지고 있을 것이다. 시간은 그런 방식으로 우리를 서로에게서 떼어놓는다.

  아무도 울지 않는 이별이 가장 조용한 법이다. 그리고 가장 오래 남는다. 카페가 사라졌다는 사실은 그저 공간의 상실이 아니다. 나도 모르게 내 일상에 기대고 있던 작은 세계 하나가 무너졌다는 뜻이다. 매일 오고 가는 풍경 속에서, 우리는 얼마나 많은 것을 잃어가고 있는 걸까. 그리고 그 모든 소멸을 언제쯤 자각하게 될까. 쿠폰 위에 찍힌 마지막 스탬프 하나가, 이 모든 질문의 문이 될 줄은 몰랐다.

타인을 원망하는 것은
불필요한 감정 낭비다

오늘 아침, 모든 계획은 어긋났다.

　약속된 시간이 지났지만 상대방은 연락 한 통 없었고, 결국 나는 불가피하게 차를 몰고 1시간 넘게 돌아다녀야 했다. 그 여파로 기대하고 있던 권투 선수부 훈련도 불참하게 됐다. 새벽부터 식단 조절을 하고, 워밍업 루틴까지 다 마쳤던 터였다. 허무하고 분했다. 충분히 화낼 이유는 있었다.

　차 안에서 잠깐 그 사람을 원망하는 생각이 밀려왔다.

　왜 나를 이런 상황에 빠뜨렸을까? 왜 자기 책임조차 지지 못하는 걸까? 하지만 그런 생각이 오래가진 않았다. 그 사람을 원망한다고 해서 되돌아올 시간은 없다. 이미 흘러간 훈련 시간도, 깨진 루틴도 다시 붙잡을 수는 없다. 내가 느끼는 이 감정, 이 불쾌감, 이 날카로운 분노는 어쩌면 전혀 무의미한 낭비일지도 모른다.

그 감정을 꾹 눌러 안은 채 주먹을 움켜쥐며 생각했다. '원망은 불에 타고 있는 석탄을 맨손으로 던지는 것과 같다. 결국 내 손부터 다친다.'

많은 사람들이 타인을 탓하며 하루를 시작한다. 그들은 지각한 버스를 욕하고, 과속하는 차에 손가락질을 하며, 약속을 어긴 친구에게 분노한다. 그런 순간마다 내면의 에너지는 고갈되고, 자존감은 깎이고, 하루의 무게는 무겁게 가라앉는다. 하지만 냉정하게 보면, 우리는 그 어떤 것도 제대로 통제할 수 없다. 다른 사람의 선택이나 실수를 바꿀 수 있는 힘은 우리에게 없다. 우리가 통제할 수 있는 것은 오직 우리 자신의 반응뿐이다. 그래서 나는 방향을 틀었다. 그 사람을 비난하기보다 나 자신에게 질문을 던져봤다.

"이 상황에서 내가 얻을 수 있는 교훈은 무엇일까?"

"앞으로 비슷한 일이 벌어졌을 때 나는 어떤 방식으로 대응해야 할까?"

답은 금방 떠오르지 않았다. 하지만 그 질문을 붙잡고 있는 동안, 분노는 점점 희미해졌다. 감정이 아닌 태도를 선택하는 연습. 이것이 아마도 내가 이 하루에서 얻어야 할 가장 소중한 교훈이었을 것이다.

누군가는 말한다. '너무 착하면 손해 본다', '세상은 냉정하다'라고.

하지만 나는 그렇게 생각하지 않는다. 원망에 익숙해지는 것이야말로, 자신을 서서히 망가뜨리는 가장 비효율적인 전략이다. 분노는 언젠가 폭발하지만, 질문은 조용히 성장한다. 나를 향한 질문, 상황을 되짚는 질문, 그리고 내일을 대비하는 질문은 결코 나를 배신하지 않는다.

불평 대신 교훈을.

원망 대신 앞으로 나아갈 힘을.

그리고 감정 대신 선택을.

누군가 나를 다시 시험에 들게 할지도 모른다. 또다시 불공정한 상황에 놓일 수도 있다. 하지만 그럴 때마다 나는 내 에너지를 가장 이롭게 쓰는 방법을 택할 것이다. 누군가를 향한 비난보다, 나를 다잡는 한 문장을 더 오래 붙잡을 것이다.

오늘의 나는 그 실패한 아침 덕분에 조금 더 단단해졌다. 이제 나는 원망하지 않는다. 그건 내가 나 자신을 더 소중하게 여기기로 했기 때문이다.

덧붙여서, 2개월이 지난 지금 잠깐이지만 원망의 대상이었던 사람이 아예 떠오르지도 않는다. 그때 잠깐이나마 분에 겨워 허공에 대고 주먹질을 했던 내가 그저 안쓰럽게 느껴질 뿐이다. 역시 원망은 답이 아니다.

나를 만드는 여섯 가지 루틴

삶은 선택의 연속이다.

 아침에 눈을 뜨는 순간부터 우리는 선택을 강요받는다. 무엇을 먼저 할지, 어떤 자세로 하루를 맞을지, 그리고 어떤 감정을 품을지. 그 반복되는 선택들이 하나의 습관이 되고, 그 습관은 점차 '나'라는 존재의 모양을 조각해간다.

 그래서 나는 스스로를 더 나은 방향으로 밀어가기 위해 여섯 개의 루틴을 만들었다. 이 루틴들은 거창하지 않다. 하지만 그것들이야말로 내가 흔들리지 않도록 버텨주는 뼈대다.

1. 운동: 근육이 아니라 존재를 단련하는 일

 첫 번째는 운동이다. 복싱, 웨이트, 스트레칭.

 하나라도 하면 된다. 하지만 단 하나도 빠뜨리지 않으면 더 좋다. 운동은 단순히 체중 감량이나 체형 유지의 수단이 아니다. 그건 내 하루의 '기반'을 다지는 행위다. 관절이 움직이고 땀이 흐르면, 묵은 감정들이 정리된다. 링 위에서 허리를 숙이고 호흡을 조절하는 그 찰나에, 나는 현실이라는 이름의 전장을 온몸으로 받아낸다. 무거운 덤벨을 들어 올리는 팔이 아니라, 도망치지 않겠다는 의지가 내 몸을 움직인다.

몸은 결국 마음을 닮는다.

2. 독서: 침묵 속에서 배우는 확장법

두 번째는 독서.

한 페이지면 충분하다. 속도도, 장르도 중요하지 않다. 단지 그날의 나보다 조금 더 넓은 문장을 만나는 것이 목적이다. 책을 읽는다는 것은 누군가의 인생에 발을 들이는 일이다. 그들이 겪은 실패와 통찰을, 몇 문장만에 압축해서 내게 전해받는 일. 이처럼 경제적인 학습이 또 어디 있을까.

나이가 들어갈수록 더 많이 읽는 사람이 되어야겠다고 다짐한다. 생각의 근육도 단련되어야 하니까.

3. 글쓰기: '나'라는 기록의 축적

세 번째는 글쓰기다. 예전엔 정해진 분량이 없으면 시작도 못 했지만, 지금은 한 줄이면 시작된다. 잘 써야 한다는 강박을 버리니 글이 살아났다.

글은 내 안의 언어를 눈에 보이게 만드는 유일한 방식이다.

그리고 그 언어는 내가 어떻게 생각하고, 어디에 머물러 있고, 무엇을 갈망하는지를 보여준다. 하루하루 쌓인 문장들은 결국 하나의 이야기로 이어진다. 그것은 누가 대신 써줄 수 없는 '나만의 시간'이다.

4. 당근마켓: 떠나보내는 연습, 그리고 순환

네 번째는 당근마켓. 버리는 대신, 나누기로 했다.

불필요한 물건을 팔면서 느낀 건 단순한 이득이 아니다. 그 물건을 사고 쓰던 순간들까지 정리되는 기분. 어떤 물건은 이사 한두 번을 같이 겪었고, 어떤 물건은 그 시절의 내가 남긴 흔적이다. 이제는 그것들이 다른 사람의 일상에 스며들기를 바란다.

물건 하나가 떠나가고 나면, 공간이 생기고 마음에도 바람이 돈다.

오늘도 오래된 블루투스 키보드를 3천 원에 넘겼다. 사실상 '추억'의 일부를 건넨 셈이다.

5. 식사 조절: 스스로에게 주는 배려

다섯 번째는 식사 조절이다.

과거엔 계량저울까지 사용했지만, 지금은 저녁 8시 이후 금식이라는 간단한 규칙으로 바뀌었다.

극단적이지 않지만 충분히 의미 있는 절제. 하루를 정리할 시간에 위장을 쉬게 하면, 몸이 고맙다고 반응한다. 내장기관도 잠시 쉴 시간이 필요하고, 그 틈을 이용해 근육은 회복된다.

스스로에게 요구하는 것과 허락하는 것의 균형을 찾는 일. 이것이야말로 나이 들며 배워야 할 '성숙한 통제'의 형태다.

6. 영어: 부끄러움을 통과해 내 것이 되는 언어

여섯 번째는 영어 학습.

매일 10분, AI 스피킹 앱 '스픽'으로 연습한다. 길지 않지만 집중하는 시간. 반복하고, 틀리고, 다시 말해보는 그 순간들이 쌓인다.

외국 선수들과 대화할 일이 생길지도 모른다. 그때 "What is your favorite move?" 한 마디를 망설임 없이 꺼낼 수 있다면, 그건 단순한 문장이 아니라 훈련된 '존재감'이다. 익숙하지 않은 언어를 내 것으로 만드는 과정은 곧, 낯선 상황에서도 내 자리를 지키는 훈련이 된다.

아리스토텔레스는 말했다. "우리는 반복적으로 하는 것이 우리 자신이다. 따라서 탁월함은 행동이 아니라 습관이다."

이 여섯 가지 루틴은 완벽하지 않다. 가끔 빠트리기도 하고,

피곤에 밀려 넘기기도 한다. 하지만 방향은 분명하다. 무언가를 쌓는 방향. 나를 조금 더 낫게 만드는 쪽. 특히 복싱과 웨이트는 타협하지 않는다. 그것은 단순한 운동이 아니라 나의 '준비 상태'를 점검하는 의식이다.

기총은 격발보다 정비가 중요하고, 파이터는 싸우기 전에 이미 이겨야 한다. 무대에 오를 수 있는 몸과 마음, 그것이 준비되지 않았다면 나는 그날의 나를 배신한 것이다. 그건 존재의 의미가 아니라, 존재가 요구하는 최소한의 예의다.

하루하루의 루틴이 모여 내가 지키고 싶은 삶의 형태가 된다. 이 흐름을 타면, 적어도 나는 나를 잃지 않는다. 한 걸음을 내딛는 것은, 아무것도 하지 않은 채 시간의 강에 휩쓸리는 것보다 무한히 값진 일이다.

그래서 오늘도 휩쓸리지 않기로 했다.

한낱 키보드에서 빵 한 조각으로

 한낱 키보드에서 빵 한 조각으로. 아, 쇠와 플라스틱으로 엮인 기특한 기계여, 네 오랜 봉사를 삼천 원에 팔아넘겼도다. 사각 버튼을 두드리던 내 손가락은 차가웠고, 너를 떠나보낸 내 마음 또한 서늘하였으나, 운명의 장난이여, 1000번 버스를 타고 신촌에 당도하여 류트 가락에 몸이 흔들리듯 냄새에 취해 따라가니, 나는 버터와 팥이 춤추는 빵을 보았도다. 앙버터빵이여!

 오, 달콤한 교환이여! 무기물의 차가운 육신이 따스한 밀가루로 바뀌었고, 금속과 전선이 녹아 부드러운 버터가 되었구나. 한 조각을 베어 무니 혀끝에 감미로운 축복이 내리도다. 이제 내 몸에 깃든 그 칼로리는 복싱장에서 땀방울과 함께 타오르리라.

 금요일 스파링데이! 맞은편 코너는 긴장할지어다. 내 잽과 원투가 너를 속박할지어다. 리버샷은 차라리 꿈이겠거니 고개를 가로지을 것이다. 나는 앙버터빵을 취한 사람이다. 그대와 같은 동류가 아니다.

  아, 덧없는 세월 속에 우리 모두 그러하듯이, 하찮은 것들도 모양을 바꾸어 다시 쓰이고, 마침내 사라지는 것이리라. 그러나 이 짧은 순간, 나는 깨달노라. 낡은 물건이 빵이 되고, 빵이 힘이 되고, 그 힘으로 나는 주먹을 뻗으리라.

  접이식 블루투스 키보드를 5천원에 팔고 앙버터빵을 사 먹었다.

길에서

그날 나는 황량한 도로를 달리고 있었다. 지나는 차량도 없었고, 신호등도, 사람의 그림자도 보이지 않았다. 오로지 나와 기계, 그리고 도로만이 존재했다.

공기는 달아올랐고, 제법 뜨거워진 아스팔트가 바퀴를 진동으로 밀려냈다. 엔진의 낮게 깔린 굉음은 마치 바다의 깊은 심연에서부터 밀려오는 파도처럼 귓가를 울렸다. 바람은 윈드쉴드 너머로 스며들어와 어깨를 툭툭 건드리며 말을 걸었다. '계속 가라', '지금 잘하고 있다', '멈추지 마라'

그 말 없는 위로 속에서 나는 달렸고, 그 길은 점점 내 것이 되어갔다.

바이크를 탄다는 것은 단순히 이동하는 행위가 아니다. 그것은 나 자신과의 대화이고, 세상과의 거리 조절이다. 헬멧 속에서 들리는 숨소리는 어느새 고요한 사색이 되고, 달리는 속도는 내 마음의 속도와 정확히 일치한다. 조금 더 속도를 올리면, 복잡한 감정들이 뒤로 밀려난다. 엔진음이 커질수록 생각은 단순해지고, 나는 온전히 현재에 존재하게 된다. 그래서 바이크는 어른이 타야 한다.

문득 뒤를 돌아보았다. 백미러 속에는 내가 지나온 길이 있었다. 먼지가 이는 자갈길, 낯익은 골목, 익숙했던 이정표들.

어느 순간부터는 그마저도 희미해져 갔다. 그리고 그 위엔 이제는 더 이상 나를 이끌지 못하는 표지판들이 보였다. 그들은 언젠가 중요한 의미를 가졌을지도 모르지만, 지금은 지나간 이야기의 조각들일 뿐이다.

나는 그 장면들을 수없이 반복해 바라봤다.

얼마나 많이? 한 번? 열 번? 백 번?

모른다. 중요한 건, 내가 항상 그다음을 향해 다시 고개를 돌렸다는 것이다. 왜냐하면 길은 언제나 앞에 있기 때문이다.

백미러는 과거를 비춘다. 그건 나에게 잊지 말아야 할 것들을 상기시켜 준다. 실수와 교훈, 그때의 표정과 날씨, 놓쳐버린 기회까지. 필요한 때에는 경고를 해주고, 아주 가끔은 반가운 그림자도 보여준다. 하지만 그 화면에만 시선을 고정한다면, 나는 결국 길을 잃고 만다. 전방을 주시하지 못한 운전자는 어디로도 가지 못한다. 그 순간 바퀴는 멈추고 엔진은 식는다.

그리고 삶은 멈춘다. 그래서 나는 앞으로 나아간다. 어디에 도착할지 몰라도, 분명 그곳은 지금보다는 나은 자리일 것이다. 언덕을 넘고, 커브를 지나고, 저녁노을이 내리고 있는 저 도로 끝 어딘가에 나를 기다리는 순간이 있을 것이다.

그것이 사람일 수도, 감정일 수도, 아니면 나 자신일 수도 있다. 하지만 분명한 건, 그곳은 뒤에 있지 않다는 것이다.

나는 기어를 올린다. 스로틀을 감는다. RPM이 치솟고, 바람이 거세게 얼굴을 때린다. 앞유리에 벌레가 튀고, 엔진 진동은 척추를 타고 올라온다. 그러나 이상하게도 두렵지 않다. 이 속도, 이 소음, 이 진동 속에서 나는 살아 있음을 느낀다.

살다 보면 누구나 지나온 길을 돌아보게 된다. 후회와 미련, 아쉬움과 연민이 그 속에 얽혀 있다. 하지만 머물 순 없다. 그 장면들은 백미러 안에서만 존재해야 한다.

앞은 항상 낯설고, 불완전하고, 예측할 수 없다. 하지만 그 불확실성 속에야말로 진짜 삶이 있다. 그래서 나는 오늘도 핸들을 꽉 잡고 앞으로 나아간다. 내가 갈 길은 언제나 거기에 있기 때문이다.

내 무릎은 참호 속에서
비명을 지르고 있었다

강철의 의지로 단련된 육체, 23년간 프로레슬링의 전장에서 불꽃처럼 타오르던 내 영혼이 있었다. 관중들의 함성이 천둥처럼 울려 퍼질 때마다, 나는 자신의 육신을 초월한 투혼으로 응답했다. 링 위에서의 매 순간은 단순한 경기가 아닌, 나의 노력을 증명하는 서사시였다. 피와 땀으로 물든 캔버스 위에서 나는 불멸의 이야기들을 써내려갔다.

 쇠사슬로 만든 링 로프가 내 등을 때릴 때마다, 그것은 고통이 아닌 열정의 채찍이 되었다. 관중석에서 터져 나오는 함성은 나의 혈관을 타고 흐르는 불꽃이 되어 지친 근육에 새로운 생명을 불어넣었다. 하지만 모든 위대한 서사에는 어둠의 장이 존재하기 마련이다. "가장 미치게 하고 고통스럽게 하는 모든 것"이 실체화된 형태로, 화려한 스포트라이트 아래 숨겨진 나의 고통은 왼쪽 무릎 연골의 완전한 소실이라는 잔혹한 형태로 나타났다. 매일 밤 링 위에서 펼쳐지는 화려한 기술과 강렬한 충격은 보이지 않는 곳에서 나의 무릎을 서서히 갉아먹고 있었다.

관중들의 환호성이 귓가를 울릴 때, 내 무릎은 1차 세계대전의 병사들마냥 길고 얕은 참호 속에서 비명을 지르고 있었다. 연골은 뼈와 뼈 사이의 냉혹한 진실을 감추는 투명한 장막과 같다. 그것은 짧고 직접적인 목적을 가진 조직으로, 복잡한 충격을 흡수하고 관절의 움직임을 부드럽게 한다.

이 작은 조직의 존재는 평범한 일상에서는 인식조차 되지 않지만, 그 부재는 삶의 모든 순간을 지배하는 폭군이 된다. 연골의 부재는 끊임없이 나를 괴롭히는 고통으로 나타났다. 그것은 마치 내 무릎 안에 작은 유리 조각들이 박혀 있는 듯한 감각이었다. 연골이 손상되면, 관절은 마치 녹이 슬고 아귀가 맞지 않는 철문처럼 삐걱거리고, 뼈는 서로 마주치며 끔찍한 고통을 일으킨다. 한때 유연하고 강인했던 내 무릎은 이제 매 움직임마다 저항하는 반역자가 되었다.

계단을 오르내리는 단순한 행동조차 전략적으로 계획해야 하는 전투가 되었다. 아침에 잠에서 깨어날 때면, 첫 발걸음을 내딛기 전에 이미 통증과의 지루하고 익숙한 협상이 시작된다. 의사조차 경악할 만큼, 내 무릎은 한 세대를 뛰어넘어 80대 노인의 것과 같은 모습을 하고 있었다. MRI를 들여다보는 의사들의 눈빛에서 나는 놀라움과 동정을 동시에 읽을 수 있었다. "이런 상태로 어떻게 일상생활이 가능한가요?"라는 질문이 그들의 입에서 자주 흘러나왔다. 더 나아가 "은퇴를 고려해보셨나요?"라는 조심스러운 제안도 여러 번 들었다. 한때 역동적인 움직임의 중심이었던 그 관절은 이제 굳어버린 쇠사슬처럼 나를 구속하고, 끊임없는 통증의 파도가 나의 일상을 침식해갔다.

그러나 나는 결코 링을 떠날 생각이 없다. 의사들의 진단과 주변의 우려에도 불구하고, 나의 투지는 여전히 불꽃처럼 타오르고 있다. "60세까지 현역으로 뛰겠다"라는 나의 선언은 단순한 허세가 아닌, 불굴의 의지를 담은 맹세다. 많은 이들이 불가능하다고 말하지만, 불가능을 가능으로 바꾸는 것이 바로 내 프로레슬러의 본질이 아니던가.

매일 아침, 복싱 선수부 훈련으로 하루를 시작한다. 나에겐 전투 훈련이자 재활 훈련이다. 주먹만 쓰는 입식 격투의 특성과 왼쪽 무릎이 고장난 나와는 너무나 상성이 좋다. 더 나아가 통증을 관리하기 위한 특별한 스트레칭, 근력을 유지하기 위한 맞춤형 운동, 그리고 무릎에 가해지는 충격을 최소화하기 위한 새로운 기술 개발까지.

나의 훈련은 이제 단순한 근육 강화를 넘어, 한계를 지닌 몸으로 한계 없는 꿈을 이루기 위한 총체적 시도를 하고 있다.

밤이 깊어갈수록 무릎의 통증은 더욱 날카로워졌다. 잠을 청하는 것조차 또 다른 형태의 투쟁이 되었다. 편안한 자세를 찾기 위해 이리저리 뒤척이는 동안, 내 무릎은 마치 과거의 모든 충격을 기억하고 있는 듯 아프게 욱신거렸다. 통증은 단순한 신체적 감각을 넘어, 내 정신세계까지 침투하는 안개 같은 존재가 되었다. 그러나 이 고통조차 나에게는 다음 날의 훈련을 위한 준비 과정일 뿐이다. 부상은 나에게 단순한 육체적 제약이 아닌, 새로운 차원의 깨달음을 선사했다.

나는 자신의 고통을 광기로 이끌지 않고 지혜로 승화시켰다. 무릎의 통증이 나를 괴롭힐 때마다, 나는 자신의 다른 건강한 부분에 감사하는 마음을 키웠다. 내 눈은 여전히 세상의 아름다움을 볼 수 있고, 내 손은 여전히 창조할 수 있으며, 내 마음은 여전히 사랑할 수 있다는 사실이 새로운 위안이 되었다. 링 위에서의 전략도 변화했다. 과거의 화려하고 과격한 기술 대신, 이제는 더 정교한 타격 기술과 심리전에 집중한다. 무릎의 제한을 창의적인 기회로 전환시키는 것이다. 젊은 선수들의 체력과 스피드에 내 경험과 지혜로 맞서는 것은 또 다른 형태의 서사시가 될 것이다. 몇몇은 그들의 아버지보다 내가 나이가 더 많다.

"은퇴는 내가 더 이상 링에 오를 수 없을 때가 아니라, 내가 더 이상 링을 사랑하지 않을 때 고려할 것이다." 이것이 내 신조다. 60세까지, 아니 그 이후로도 내 몸이 허락하는 한 나는 계속해서 이 서사시를 써내려갈 것이다. 무릎의 연골은 사라졌지만, 그 자리에 인내와 감사, 그리고 삶의 깊은 이해가 자리 잡았다.

링 위의 전사로서, 나의 서사시는 아직 끝나지 않았다.

가장 위대한 장은 아직 쓰여지지 않았다.

KBS 아레나의 밤

KBS 아레나의 밤은 오래도록 귓가에 남았다. 관중의 함성은 사라졌지만, 그 잔향은 멀리서도 따라왔다. 눈앞에 펼쳐진 것은 빈 좌석들이었지만, 그 공백조차 가득 차 있었다. 처음부터 그럴 줄은 몰랐다. 예매가 시작된 지 며칠 만에 대부분의 표가 팔려나갔고, 대회를 앞둔 이주 전엔 3천석 좌석이 모두 사라졌다. 고초록 부장이 단톡방에 올려주는 실시간 판매 상황을 보면서 나는 지인 하나 초대할 엄두를 내지도 못했다. 손으로 쥘 수 있는 자리가 없었다. 말 그대로, 남은 것이 없었다.

해설석에 앉은 그날 나는 묘한 감정에 사로잡혔다. 눈앞에 펼쳐진 대형 스크린과 링. 마치 장을 보러 나선 어머니를 따라 나섰다가 시장 좌판에서 떼를 써서 샀던 만화경을 보는 것 같았다. 그림이 사라질까 봐 애써 눈에 힘을 주던 그 심정이 들면서 또 다른 상념이 왼손 잽처럼 안면을 스쳤다. 어쩌면 이건 나의 몫이 아닐지도 모른다. 누군가 애써 세운 성에 우연히 초대받은 손님처럼 느껴졌다. 내 역할은 어디까지일까. 해설자로서의 나와, 선수였던 나 사이의 거리가 잠시 낯설었다. 내 옆에 자리한 홍석현 캐스터와 낮츠 해설위원을 한번씩 쳐다봤다. 산전수전을 겪은 그들도 이런 역사의 현장에 하나의 조각으로 자리한 것에 꽤나 상기된 표정이었다.

  이 무대는 어느 한 사람의 것이 아니었다. 무대를 완성한 건 수백 명의 손과 수만 번의 호흡이었다. 선수들이 있었다. 조명과 음향을 조율한 연출진, 뒤편을 지탱한 자원봉사자들, 정성으로 채워진 식사 한 끼까지. 모두가 이 밤을 함께 만들었다. 이건 분명 공유된 기적이었다.

  경기가 시작되자, 링 위는 말이 없었다. 그곳에서는 몸이 곧 언어였다. 낙법은 설명이었고, 점프는 감탄이었다. 어떤 문장은 로프 위에서 완성되었고, 어떤 대사는 침묵 속에서 전해졌다. 나는 그 감정을 해설이라는 언어로 통역했다. 마이크 너머로 감정의 흐름을 옮겼다. 특히 기억에 남는 장면이 있다. 스컴독이 객석 2층 난간에 올랐다. 관객석은 숨을 죽였다. 아니, 그러다가 내연기관의 압축후 폭발처럼 엄청난 함성을 지르기 시작했다. 기대와 공포가 뫼비우스의 띠처럼 엮인 형태로 KBS 아레나를 휘감고 있었다. 그리고 그는 허공으로 몸을 던졌다. 시간은 느려졌고, 충돌은 정확했다. 그것은 증명이었다. 승자도, 패자도 모두 진심이었다. 그 진심이 있어야만 이 쇼는 완성된다.

  행사가 끝난 뒤, 홀로 객석을 거닐었다. 조명이 꺼진 자리에는 누군가 남긴 피켓, 쓰러진 물병, 잔잔한 먼지만이 남아 있었다. 나는 그 틈을 걸으며 다시 배가 고파졌다. 해설이 아닌, 움직임으로 말하던 그 시간으로 돌아가고 싶었다.

  이제 뭐를 하지? 나는 그런 걸 느낄 틈이 없었다. 아직 나는 내 2막을 시작하지도 않았다. 첫 막의 커튼이 막 내린 지금, 다시 링을 향해 걷고 있을 뿐이다. 누구도 정답을 가르쳐주지 않았지만, 내 안의 허기가 방향을 알려주고 있었다. 경기장을 나와 회식장소인 상수김치삼겹살로 향했다. 땀 냄새와 아드레날린이 섞여 있던 곳을 벗어나자 심박수가 가라앉고 식욕이 솟구치기 시작했다. 링 닥터인 고은산 선생이 손가락을 건너편 병원을 가리켰다. "사고가 터지면 저 병원으로 이송하려고 했어요."

  우리 둘 다 그 말에 웃다가 숨을 크게 내쉬었다. 만약 정말 그런 상황이 발생했다면 삼겹살을 머릿속으로 떠올리며 밤공기를 탐색하며 걷는 짧은 산책은 없었을 것이다.

  6차선 너머에 있는 부민병원 너머로 달이 보였다. 아주 밝지는 않았지만 그래도 의젓하게 밤을 책임지고 있었다. 레슬러들이 모였다. 스태프들이 모였다. 급식왕 식구들이 모였다. 다 같이 모여서 고기를 굽고 술을 마셨다. 5월 24일 복싱대회

출전 때문에 금주를 해봤는데 그 리밋이 오랜만에 해제됐다. 영어, 일어, 프랑스어, 중국어 등등 건배라는 외침 속에 몇 개 국어가 청각을 자극했는지 모르겠다. 여기가 '발할라'구나 싶어 혼자 키득대며 고객을 마셨다. "제가 입문할 때만 해도 제가 맨 뒷자리였는데 이젠 제가 맨 앞자리네요" 옆에 있던 고선생에게 한마디 건네고 카운터 쪽에서 가게 안쪽을 물끄러미 쳐다봤다. 누가 보면 시에스타 성당의 벽화를 쳐다보는 관광객처럼 보였을지 모르겠다. 이들이 만들어낸 기적에 감탄과 경외를 느끼고 있었다. 카톡 택시를 불렀다. 음주 후 택시를 타고 귀가하는 수순도 얼마만인지 모르겠다.

흔들리는 차안에서 안전벨트를 메자 찰칵 하는 소리가 들렸다. 금속 버클이 단단히 체결되는 느낌이 들자, 무슨 일인지 다시 또 다른 목표가 떠올랐다. 언젠가 부상을 확실히 이겨내고 다시 서게 될 것이다. 그날이 오면 나는 지금보다 더 낮은 자세로, 더 단단한 의지로 그 링에 오를 것이다. 그때는 저 회식 장소인 테이블을 두고 술을 마셨던 레슬러들이 모두 나의 적이 될 것이다.

이건 나 혼자의 이야기가 아니다. 우리 모두의 밤이었고, 모두의 시작이었다. 그리고 나는 지금 그 시작 위를 다시 걷고 있다.

상처는 그냥 두면 고름이 되지만, 다듬으면 방패가 된다

처음 체육관에 들어섰을 때, 나는 서른을 앞둔 신인이었다.

겨울이었다. 히터 소리만 웅웅 울리고, 체육관 바닥은 땀과 먼지에 미끄러웠다.

나는 낯선 공간에 홀로 서 있었다. 경력도 없고, 기술도 없고, 인맥도 없었다. 남들보다 느렸고, 잘하는 건 없었다. 그저 덩치 하나, 그리고 설명할 수 없는 뚝심 하나. 그게 내가 가진 전부였다.

한겨울 체육관의 냉기와 기합 소리와 함께 낙법을 하며 말 없이 샌드백을 때리는 사람들 사이에서 나는 처음으로, 내 몸을 증명해야겠다고 느꼈다.

처음의 나를 기억한다. 숨이 턱까지 차오르고, 로프를 잡은 손이 미끄러지던 그날. 낙법이 잘 안 되어 어깨와 무릎, 그리고 나의 자존심이 동시에 부서지던 날. 그 모든 날들을 지나며, 나는 포기하지 않았다.

나는 그냥 다음 날 다시 왔다. 그게 유일한 전략이었다. 몇 달이 지나고, 나는 '엽기 레슬러'라는 이름으로 방송에 나갔다. 어느새 조금씩 얼굴이 알려졌고, SNS에 이름이 오르내렸다. 처음엔 어리둥절했다. 카메라 앞에서는 웃으며 익살을 떨었지만, 마음속은 늘 긴장하고 있었다.

그때부터였다. 어디선가 날아온 짧은 말들이 나를 찔렀다.

"쟤는 운 좋았지."

"몸만 커서 눈에 띄는 거야."

"기술은 없어, 이미지가 전부지, 뭐."

비난에 디테일은 없었다. 다 짧고, 건조했고, 날이 무뎠다. 그래서 더 아팠다. 왜냐하면 이유가 없었기 때문이다. 설명이 안 되는 말은 반박이 안 된다. 반박이 안 되는 말은 내 존재 전체를 향해 날아든다. 내가 어떻게 해도 막을 수 없는 곳을 건드린다. 그렇게 나는 이름보다 먼저 상처를 얻었다.

하지만 링 위에서는 달랐다. 로프에 몸을 던지고 다시 튕겨 나올 때, 그 순간만큼은 세상도, 비난도, 불안도 멀어졌다. 누군가의 기대를 의식하지 않아도 됐다. 그러나 그것도 잠시 동안일 뿐, 백드롭으로 바닥에 내던져질 때, 나는 다시 현실로 돌아왔다. 모든 것을 잊은 채 공중에 떴던 나는 다시 이 바닥이 얼마나 차고 무거운지 깨달았다. 아무도 박수치지 않는 훈련 중이었다. 그럼에도 나는 일어났다. 누가 보든 말든, 나는 로프를 다시 잡았다.

시간이 흐르며, 나는 세 가지를 배웠다. 첫째, 이유 없는 비난에 해명을 구하지 마라. 그건 비판이 아니다. 감정의 투사다. 누군가는 타인의 성취가 자신의 결핍을 자극할 때, 그 불편함을 말로 던진다. 그 말은 나를 위한 것이 아니다. 그들에게서 도망칠 필요는 없다. 단지 걸음을 멈추지 않으면 된다.

둘째, 인정은 요구하는 게 아니라 발생하는 것이다. 말로 얻는 인정은 언제든 말로 사라진다. 그러니 묵묵히 내 할 일에 집중해야 했다. 훈련, 회복, 기록, 정리, 다시 훈련. 그 반복 속에서 나는 변했고, 어느 날 문득 누군가 "예전보다 훨씬 좋아졌다"라고 말했다. 그건 요청하지 않아도 따라온 인정이었다.

셋째, 상처는 그냥 두면 고름이 되지만, 다듬으면 방패가 된다. 처음의 상처는 아팠다. 하지만 그 고통을 그대로 내버려 두지 않았다. 나는 그것을 들여다보고, 이해하고, 이름을 붙였다.

"이건 불안이고, 이건 자격지심이고, 이건 비교다."

그러고 나니 그 상처는 차가운 무기가 아니라, 단단한 방패가 되었다. 나는 그 방패로 다시 링에 섰다.

세상은 가끔 아무런 예고 없이 사람을 때린다. 어떤 실수도 하지 않았는데, 어떤 잘못도 없었는데, 단지 그 자리에 있다는 이유로. 그러나 그 고통을 견뎌낸 사람만이 결국 '자기만의 이유'를 갖게 된다. 그 사람은 더는 외부에서 존재 이유를 구걸하지 않는다. 그 사람은 알고 있다. 자신이 왜 여기에 있는지를. 그건 싸울 수 있는 사람의 얼굴이다.

나는 아직도 상처를 받는다. 지금도, 때로는 아무 이유 없이 흔들린다. 하지만 이제는 안다. 그 상처를 어떻게 다듬을지를, 그리고 그 상처가 어떤 언어로 나를 보호해줄지를.

방패는 흉터에서 만들어진다는 것을 나는 이제 알고 있다.

과속 방지 턱이 나를 알아봤다

"지금? 그 나이에?" 그는 그렇게 말했다. 구체적인 건 묻지 않았다. 무언가를 하겠다는 말이 채 끝나기도 전에, 그는 고개를 젖혔다. 마치 이미 내가 실패한 것처럼. 아직 시작도 하지 않았는데, 그는 이미 결론을 내려놓은 얼굴이었다. 논리도, 근거도 필요 없었다. 단지 '나이'라는 한 단어만으로 모든 가능성을 지우는 방식. 그건 설명이 아니라 판결 같았다.

다른 날, 다른 사람은 말했다. "넌 뭘 해도 안 될 거야."

그 말은 너무 무심하게 던져져서 오히려 생생했다. 나는 그 사람의 눈을 들여다봤다. 거기엔 피곤이 들어 있었고, 오래된 낙담이, 오래된 실패가 쌓여 있었다. 그 말은 그 사람 자신에게 먼저 던졌던 말일지도 모른다. 그 말은 날카롭지 않았다. 날카롭지 않기 때문에 더 위험했다.

날카롭지 않은 말이 더 무섭다. 뭉툭하고 익숙한, 마치 어디서 들어본 듯한 톤. 중력이 실린 문장. 땅으로 끌어당기는 말들. 묵직해서 저항도 안 되는 말들. 그 말은 애초에 내게 닿으려 한 것이 아닐 수도 있다. 그저 공기 중을 떠다니다 이동 중이던 내 귀에, 내 가슴에 안착했을 뿐이다.

나는 그 말들을 주머니에 넣었다. 잊어버리려는 건 아니었다. 어디서 다시 마주치게 될지도 모르니까. 마치 영수증처럼, 한 번도 제대로 펼쳐 읽어보지 않은 채 구겨져버린 말들. 그 말들은 생각보다 자주 손에 잡혔다. 키를 찾을 때, 동전을 꺼낼 때, 아무렇지 않은 순간에 불쑥, 손끝에 걸렸다.

처음엔 흔들렸다. 마치 잘못 탄 버스처럼, 이 길이 맞는 건지, 이 방향이 내게 어울리는 건지 헷갈렸다. '그 말이 맞는 걸까?' 그 말들이 내게 진실을 말한 걸까, 아니면 내가 믿고 싶지 않아서 피한 걸까.

하지만 어느 날 문득 그런 생각이 들었다. 이건 일종의 과속 방지 턱이 아닐까. 도로 위에 얹혀 있는 작은 돌기. 덜컹거리긴 하지만 치명적이지는 않은 것. 속도를 줄이면 된다. 한 번 흔들리고 나면 다시 평평해진다. 지나치면 그뿐이다. 속도는 중요하지 않다. 멈추지만 않는다면, 어떤 형태로든 결국 도착하게 되어 있다. 목적지보다 중요한 건, 그곳에 다다를 수 있는 사람으로 조금씩 변해가는 과정이다.

그리고 어느 날은, 그런 날도 온다. 별다른 이유 없이 커피 맛이 유난히 괜찮고, 걷는 발걸음이 가볍고, 멜론에서 흘러나

오는 노래가 마음에 들고, 문득 햇살의 결이 참 부드럽게 느껴지는 날. 그런 날엔 이따금 생각한다. 아, 그때 그 사람들의 말. 그 말들은 한때 내 앞을 가로막았지만 결국은 내 뒤에 남았구나. 그 말들은 돌처럼 차가웠고, 나는 맨발로 걸었지만 그래도 지금 여기에 도착했다.

우리는 모두 속도를 줄여야 할 순간을 갖는다. 덜컹거리는 시간, 의심의 계절, 주저하는 오후. 하지만 그 모든 순간은 결국 뒤에 남는 풍경이 된다.

그러니 나는 이제 안다. 덜컹거릴 때마다 이렇게 생각한다. "아, 너는 그냥 과속 방지 턱이구나. 너는 나를 알아봤구나. 그래, 계속 앞을 막아보렴. 나는 타고 넘어갈 테니까. 그래, 계속 뒤에 있으렴. 나는 앞으로 나아갈 테니까."

전원을 끄는 것이 곧 존재를 켜는 일이었다

울산 강동해변에서 보냈던 겨울의 하루는 내게 아주 조용한 혁명이었다. A, B, C와 겨울 바다보다 진하고 차가운 술을 한 잔 걸친 후, C는 일정이 있어서 다음 날 먼저 상경했다. 나는 쏘카를 빌려 근처를 둘러보다가 해변으로 돌아왔고, 충동적으로 아이폰 전원을 껐다. 문자도, 카톡도, 알림도, 전화도 달힌 작은 상자 속에 고이 접어두고 백사장으로 걸어 나갔다. 세상과 단절된 그 순간부터, 내 안에서 오랜만에 무언가가 깨어났다.

처음 들어간 카페는 넓지만 고즈넉했다. 커피는 따뜻했고, 창밖으론 잿빛 파도가 멀리서부터 차분히 밀려왔다. 아이폰을 보지 않는 시간은 낯설었지만 이상하게도 두려움보다는 해방감이 컸다. 나는 누가 나를 찾고 있든, 지금은 내가 나를 찾아야겠다고 생각했다. 카페를 나와 해변을 걷는 동안, 생각들이 밀물처럼 밀려왔다. 이대로 살아도 괜찮은가. 지금 내가 걷고 있는 길이 정말 나의 길인가. 발밑 모래가 축축하게 젖어 있었고, 파도는 이따금 내 신발을 스치며 말을 걸었다. 신발이 조금씩 젖어들어가듯, 나 자신과의 대화를 나누었다.

두 번째로 들어간 카페는 좀 더 어수선했지만, 그 혼잡함 속에서 오히려 나는 평온해졌다. 사람들이 웃고 떠드는 소리가 백색소음처럼 내 사고를 정리해주었다. 나는 그때 지금까지 내가 쥐고 있었던 것들 중 내려놓아야 할 것들을 명확히 인식했다. 지나친 연락, 즉각적인 반응, 타인의 평가.

점심은 근처 편의점에서 간단하게 해결했다. 혼자 식사한다는 건 누군가에겐 쓸쓸함이겠지만, 내게는 오랜만에 제대로 씹고 삼키는 느낌이었다. 음식의 온도, 질감, 맛에 집중하자, 나의 감각이 살아나는 듯했다. 여느 편의점 음식답게 맛있다고는 할 수 없었다. 하지만 감각이 살아난 것이 중요했다. 세상과의 연결을 끊었더니 오히려 세상과 더 가까워진 느낌이었다.

다시 해변으로 나갔을 때, 하늘은 조금 더 흐려졌고 바람은 거세졌다. 파도는 마치 언젠가 읽었을 법한 러시아 문학 속 인간의 내면처럼 격정적으로 몰아쳤다. 부서지고 밀려나는 파도에서 나는 삶의 파편들을 보았다. 지키려다 놓쳐버린 것들, 미련, 과거의 결정들. 그 순간 나는 어떤 구체적인 문장을 떠올렸다.

"사람은 스스로를 통과할 때에야 비로소 진실에 닿는다."

해변에서의 시간은 나를 통과하게 만들었다. 그곳엔 와이파이도 LTE도 없었고, 대신 나 자신이 있었다. 눈으로 본 풍경이 아니라, 내 안의 풍경이 달라지고 있었다.

다시 돌아오는 길. 아이폰 전원을 켰지만 예전처럼 곧바로 무언가를 확인하진 않았다. 알림은 그대로였고, 나는 천천히 스크롤을 내리다 말고 꺼버렸다. 잠시, 아니 어쩌면 앞으로는 자주 이 전원을 끄게 될 것 같았다. 내가 나로 있는 법을 잊지 않기 위해서.

돌아보면 그 6시간은 한 해의 시작이자 정리였다. 나는 무엇을 가지고 가야 하는지를, 무엇을 비워내야 하는지를, 누구의 말보다 내 안에서 들을 수 있었던 시간이었다. 그건 작은 비행처럼 활주했고, 은밀한 복원처럼 섬세했다.

삶을 건너는 방법, 태양에게서 배우다

라이딩을 하면서 이런 기묘하고 강렬한 경험은 처음이었다. 1994년에 면허를 취득했으니, 도대체 얼마나 긴 시간이 흐른 걸까. 이른 아침 출발할 때의 맑고 서늘한 공기는 마치 목 넘김이 시원한 생맥주처럼 감미로웠다. 그 가벼운 바람은 내 어깨를 부드럽게 밀어주었고, 길 위를 달리는 기분은 아무 목적지도 없이 자유롭게 흐르는 재즈 선율 같았다. 송탄 근처에서 느껴졌던 따스한 햇살과 미지근한 바람은 내 안의 어떤 잊힌 기억까지 어루만져주는 듯했다.

하지만 프로레슬링 대회가 끝나고 남하하던 중 갑작스러운 폭우가 쏟아졌다. 햇살과 온기는 사라졌다. 세상 모든 것이 물속에 잠겨버릴 듯한 악천후였다. 내리는 비는 도로를 검은 잉크처럼 물들였고, 나의 시야는 순식간에 불투명한 절망 속에 갇혔다. 간신히 찾아들어간 CU편의점에서 핫바와 캔커피를 먹으며 더 이상의 주행은 위험 요소가 많다고 판단을 내렸다. 편의점 밖은 이미 2차 세계 대전 당시 태평양전선으로 바뀌었다. 여정을 변경해 하룻밤을 묵고 일어나니 창밖엔 4월에 어울리지 않는 눈발이 춤을 추고 있었다. 그것은 이와이 순지의 영화처럼 낭만적일 수 있었지만, 차가운 철마 위에 앉아 있는 나에게는 장중한 고통의 연속일 뿐이었다. 포항 방향으로 접어들자, 바람은 더욱 사납게 몰아쳤다. 도로 위 안내 전광판이 강풍주의를 경고하고 있었지만 이미 온몸으로 느끼고 있었다. 나는 거센 바람 속에서 차선을 넘고 심지어 중앙선마저 침범하려고 버둥대는 바이크를 온 힘을 다해 붙잡았다. 이 순간 나는 황태 덕장의 인간 황태가 된 듯한 착각에 빠졌다. 황태가 맛있게 마르기 위해서는 습기와 건조함, 무더위와 혹독한 눈보라를 견뎌야 한다지만, 나는 결코 황태가 아니었다.

그 순간 내가 가장 간절히 원했던 것은 바로 태양이었다. 지구와 태양 간의 거리는 평균 약 1억 4,960만 km에 달한다. 이 엄청난 거리를 건너 태양에서 지구 표면에 도달하는 열에너지는 제곱미터당 약 1,368W(와트)의 에너지를 전달한다. 바이크 계기반에는 7도 혹은 8도를 표시하고 있었지만, 태양이 없었기에 몸으로 느껴지는 추위는 견디기 힘들 정도였다. 하지만 더 낮은 4도라도 저 멀리서 희미하게나마 빛과 열기를 전해주는 태양이 있을 땐 안정적인 주행이 가능했다. 태양이 던지는 작은 빛줄기 하나만 있어도, 나는 안정을 느끼고 바이크를 조금 더 편하게 몰 수 있었다. 아주 먼 거리에서부터 수많은 장애물을 뚫고 희미하게 전해져 오는 열기와 빛의 존재만으로도 이렇게 희망을 품을 수 있다는 사실에 놀랐다.

인생도 이와 비슷하지 않을까. 저조한 실적과 잔고가 줄어드는 통장을 보며 한숨을 내쉬고, 끊임없이 밀려오는 업무에 허리가 휘어지더라도, 저 멀리서 비추는 미세한 희망의 빛이 있다면 우리는 견디고 앞으로 나아갈 수 있지 않을까. 삶이란 끊임없는 어둠 속에서도 한 줄기의 빛을 발견하고 그것을 향해 나아가는 과정일 것이다. 나 또한 그렇게 먼 곳에서 비추는 한 줄기의 빛 같은 존재가 될 수 있다면 얼마나 좋을까. 누군가의 어둠 속에 약간의 용기와 온기를 전해줄 수 있는 존재.

이번 2박 3일의 '서바이벌 황태 덕장 투어'는 내게 이런 작은, 그러나 깊은 깨달음을 선사했다.

태양이 되는 방법

1. 다른 사람을 이해하고, 그들의 입장에서 작은 친절과 관심을 표현하라.
2. 늘 진심 어린 칭찬과 격려의 말을 건네어 상대방이 스스로 빛을 발견하도록 도와라.
3. 언제나 긍정적이고 밝은 태도를 유지하여 주변 사람들에게 온기를 전하는 존재가 되라.

형님, 한번만 안아주세요

소년원의 문은 세 겹으로 이루어져 있었다. 첫 번째 문이 닫힐 때, 나는 다시는 되돌릴 수 없는 경계를 넘은 느낌이었다. 두 번째 문은 쇠창살과 회색 벽으로 이루어진 감정의 무채색이었다. 그리고 마지막 세 번째 문이 닫히는 순간, 나는 일본식 데스게임 영화의 한 장면 속으로 들어선 듯했다.

시간은 무기력했고, 공간은 묵직했다. 이곳은 '소년원'이라 불린다. 하지만 정확히 말하면, 대한민국에는 '소년원'이라는 법적 명칭은 없다. 과거에는 그렇게 불렸지만, 지금은 '소년보호기관', 또는 '소년보호처분 집행시설'이라는 이름으로 바뀌었다. 형벌이 아닌 보호처분이라는 법적 틀 안에서 운영되며, 보호처분 6호 이상부터 이처럼 격리된 시설에서 일정 기간 생활하게 된다. 보호처분 1~5호는 사회 내 처분으로 끝나지만, 6호부터는 철문 안의 세계다.

나는 그 세계로 들어갔다. 그들과 대면하기 위해. 강연이 시작되기 전, 나는 링에 오르기 전처럼 호흡을 가다듬었다. 이곳도 또 다른 전장이었다. 눈빛은 날카롭고, 말끝은 단단했다. 아이들은 말없이 말했다. "우릴 무시하지 마."

아이라고 했지만 10대 후반인 만큼 덩치가 나만 하거나 더 큰 녀석들도 보였다. 바깥에서 그 위세가 어떠했을지 짐작할 수 있었다. 나는 미소로 응수했다. 프로레슬링의 세계에서 수없이 주고받았던 '존중을 기반으로 한 경쟁'. 그 감각이 여기서도 통했다. 화내면 지는 거라는 법칙은 내가 아니라 그들이 먼저 만든 생존의 룰이었다. 그리고 알게 되었다. 이곳에서도 경쟁은 계속된다. 푸쉬업으로, 밥 먹는 속도로, 기합으로 서열이 정해진다.

이곳에 계시는 의사 선생님이 넌지시 말을 내게 건넸다. "어떤 녀석은 생수통에 책을 묶어 덤벨처럼 쓰고, 푸쉬업을 천 개씩 해요. 여기도 또 다른 사회죠." 그 얘기를 듣고 웃음이 났다. 몸을 키워야 존재감이 생기는 구조. 마치 과거 내가 링 위에서 증명하려 했던 무언가처럼. 그러나 이 아이들에게는 존재감이 아니라, 존재 자체를 위한 싸움이었다.

그리고 또 다른 이야기를 들었다. 제빵 교육을 받던 한 아이가 있었다. 처음에는 무심했고, 오븐 앞에 서서도 손 하나 까딱하지 않았다. 그러던 어느 날 자신이 구운 빵을 친구들이 우르르 몰려와 "야, 이거 너가 만든 거야? 진짜 맛있다!"하고 웃으며 먹는 모습을 본 순간, 아이의 눈빛이 바뀌었다고 한다. 그날 이후 그 아이는 수업에 빠진 적이 없다. 오븐 속에서 구워낸 건 빵만이 아니었다. 그 아이는 인정, 연결, 그리고 정을 배워갔다.

그 장면을 상상하며, 나는 문득 혼란을 느낀다. 포털 메인을 장식하는 뉴스들, 십 대 무차별 폭행", "소년범 또다시 흉기 휘둘러"…… 이런 기사들을 읽을 때마다 나도 엄청난 분노를 느낀다. 그 분노는 정당하다. 법은 엄정해야 하고, 사회는 범죄에 단호해야 한다. 가해자를 처벌하고, 경각심을 주어야 한다. 하지만 이곳에서 그 아이들의 웃음을 마주할 때마다, 나는 잠깐 멈칫하게 된다. 복잡하고 무거운 질문이 스며든다. "이 아이들에게 기회는 정말 없었을까?"

나는 특별한 사람이 아니다. 30여 년 전, 맨몸으로 서울에 올라왔고, 인생이 너덜너덜해질 정도의 고비도 있었다. 하지만 행운이 있었고, 좋은 사람들을 만났다. 그리고 그 도움 덕분에 지금은 그럭저럭 버틸 만한 삶을 살아가고 있다. 나는 대한민국이라는 공동체에 꽤 많은 '빚'을 진 사람이다. 이제는 그 빚을 어떤 방식으로든 갚아야 하는 게 아닐까?

강연을 마치고 나오려던 순간, 한 아이가 내게 외쳤다. "아저씨! 지명수배자 같아요!" 그 말에 웃음을 터뜨리려다가 문득 가슴이 시렸다. 하지만 그 농담 뒤에 감춰진 뭔가를 나는 읽고 싶었다. 그들이 아직 '농담을 할 수 있는 존재'라는 것, 그 농담 속에 '인정받고 싶은 마음'이 있다는 것.

　사람은 용기를 잃으면 희망을 잃고, 희망을 잃은 사람은 결국 모든 것을 불태우며 종말적인 선택을 한다. 경기를 포기한 파이터처럼 볼썽사나운 것도 없다. 게다가 인생을 포기한 이는 자신만이 아니라 주변까지 무너뜨릴 수 있다. 그래서 전하고 싶었다. "아직 경기는 끝나지 않았다.", "아직 라운드는 남아 있다." 그러니까, 조금만 더 힘을 내보자.

　몇몇 아이들의 눈동자는 선명하게 떠오른다. 그 눈동자들은 내 말을 정말 들었을까? 내 진심을, 나의 의도를 이해했을까? 나는 아직도 확신이 없다.

　그날 서울로 돌아오는 길. 차창 너머로 스쳐 지나가는 풍경 속에서 그 아이들의 목소리와 빵 냄새, 생수통 바벨의 철컥대는 소리, 그리고 구석에 있다가 강연 끝날 때 다가와 "형님, 한번만 안아주실래요?"라고 말하던 어떤 녀석의 마지막 한마디가 머릿속을 조용히 맴돌았다.

헬멧을 벗으면 강연이 시작된다

 어떤 계절이냐에 따라 공기의 무게가 달라진다. 봄과 가을엔 없는 듯하다가, 여름엔 크고 뜨거운 젤리에 눌린 것 같은 묵직함이 느껴지고, 겨울엔 팥빙수 속 갈린 얼음처럼 가볍지만 아프게 치고 나간다. 계절은 공기로 말을 걸고, 나는 몸으로 그 말을 듣는다.
 하지만 라이딩은 언제나 옳다. 헬멧 속에선 숨결이 가벼워지기 때문이다. 그 공간은 작지만 완전히 나만의 우주다. 내 호흡만 들리고, 엔진 소음은 심장처럼 규칙적이며 묘하게 안정감을 준다. 엔진이 깨우는 아침, 길 위에 선 나는 운명처럼 정해진 한 줄기의 루트를 따라 나아간다. 바퀴가 돌기 시작하면, 세상은 갑자기 단순해진다. 속도와 거리, 시선과 도로, 그 외의 모든 것은 잠시 멈춘다. '지금 여기'를 사는 데 집중할 수 있는 드문 순간이다.
 강연 요청이 들어오면 나는 먼저 네이버 지도를 펼친다. 서울에서 출발할 경우엔 양평의 산자락을 넘을지, 강릉으로 빠질지, 아니면 강연을 끝내고 해안선을 따라갈지를 상상한다. 누군가에게는 단순한 업무 동선이지만, 내게는 여정이자 여행이고, 때론 의식에 가까운 전환이다. 경로를 정하고, 도중의 식당과 카페를 저장해둔다. 메뉴도 고른다. 커피의 산미, 육개장의 얼큰한 국물까지 머릿속에서 시뮬레이션을 돌린다. 뇌세포를 이용한 미각 스파링이라고나 할까. 만약 적당한 곳이 없다면 맥드라이브가 최고다. 대개 24시간이고 주차 공간은 물론 식사와 커피까지 한 번에 해결되기 때문에, 솔직히 이만한 곳이 따로 없다. 맥너겟을 입에 넣고, 코로 라떼 향기를 마시며 준비하는 강연은 의외로 괜찮은 조합이다.

강연 1시간 전. 도착은 늘 여유 있게 한다. 일부러 그렇다기보다, 긴장되면 일찍 움직이는 습관이 남아 있는 듯하다. 주차를 마치고, 노트북을 꺼낸다. 파워포인트 첫 장엔 항상 오늘의 출발 시각과 루트를 갈무리해둔다. 청중들에게 내가 얼마나 수고해서 왔는지 보여줌으로써 약간의 의무감을 던지는 나만의 유쾌한 수법이다. 가끔은 나도 모르게 '콧노래 부르며 온 주제'에 혼잣말을 하다가 흠칫 놀라 노트북 전원 케이블을 뽑아버릴 뻔한 적도 있다. 그 장면이 어이없어 한참 웃었던 날도 있다.

중고등학교는 언제나 특별한 무대다. 교문 앞에 도착해 헬멧을 벗으면, 먼저 안전지킴이 어르신의 고개가 돌아본다. 이지스함에 장착된 고성능 레이더 같다. 필시 저 언덕 너머에서 교문을 향해 달려올 때까지 주시하고 있었음이 틀림없다. 짧은 경계의 시선을 눈웃음으로 넘기면, 담당 선생님이 내려와 묻는다. "여기까지 그걸 타고 오셨어요?" 그 말에는 놀람도, 기대도, 어쩌면 살짝 부러움도 섞여 있다. 나는 늘 고개를 끄덕이며 짧게 웃는다. 길 위에서 헬멧을 쓴 시간만큼, 나에겐 이미 마음의 준비가 되어 있다.

90분. 숨을 고르고 목소리를 던진다. 나의 이야기, 나의 실수, 내가 배운 것들. 어떤 눈은 반짝이고, 어떤 눈은 멍하니 뜨고 있지만, 그 모든 시선은 말보다 깊다. 몇몇은 휴대폰을 만지지만, 그 손끝도 어느 순간 멈춘다. 그건 시선을 강제로 붙잡은 게 아니라, 누군가의 이야기에 귀를 기울인다는 선택의 순간이다. 나는 그 시간이 고맙다.

강연을 마치고, 장비를 정리하고, 다시 철마 위로 올라탄다. 내 등에 배낭이 매달리고, 핸들 너머로 하늘이 열린다. 교실 창문도 열린다. "선생님, 안녕히 가세요!", "저 좀 태워주세요!"

갑자기 장터가 열린 듯 시끌벅적해진다. 손을 흔드는 아이들, 눈웃음을 짓는 아이들, 모자를 벗어 인사하는 아이들. 나는 브레이크를 밟지 않고, 손만 들어 인사한다. 내 뒷모습이 잠시나마 그들의 기억 속에 멋지게 남기를 바라며.

 사실 일부러 노린 것이었다. 모터사이클을 주차할 때부터 교실 쪽에서 봤을 때 잘 보이는 쪽에 세웠다. 묵묵히 자기 할 일을 마치고 석양 속으로 사라지는 사나이. 이 얼마나 멋진가. 남들이 제발 몰랐으면 하는 소소한 즐거움이다.

 내게 있어 강연이란, 누군가의 시간을 빌려 잠시 말을 거는 일이다. 그런데 그 말이 라이딩과 겹쳐 있을 때 더 자연스러워진다. 내가 선택한 길, 내가 건넌 바람, 내가 맞이한 계절을 이야기하는 것이기 때문이다. 아이들이 내 바이크에 흥미를 갖는 순간, 이미 그날의 첫 문장은 성공적으로 시작된 것이다.

 그리고 나는 안다. 헬멧을 벗는 순간, 강연이 시작된다는 것을. 단순한 보호 장비가 아니다. 그것은 문 하나를 열고 세상에 말을 거는 방식이다. 내 숨결을 품고 달린 그 헬멧 안에는 오늘 내가 살아낸 시간이 응축되어 있다. 그리고 그걸 벗는 순간, 나는 진심으로 누군가에게 다가갈 준비를 마친 셈이다.

벚꽃비와 블루스, 그리고 제주 고씨 형제

일산의 체육관에서 복싱 훈련을 마쳤다. 스파링이 끝나고 샤워를 했지만, 땀이 완전히 식지는 않았다. 폴라 심박계 앱으로 계측해보니 1,200칼로리를 태웠다. 운동화는 젖어 있었고, 머리는 아직 미열이 남아 있었지만, 나는 그 상태로 차를 두고, 바이크로 갈아탔다.

목적지는 신촌. 두 시간의 업무. 오디오 인터페이스를 켜고 카메라 렌즈 뚜껑을 열었다. 누군가는 실체가 없는 것이라고 말하지만, 나는 중요하다고 여겼다. 나는 서류를 정리하듯 업무를 수행했다.

그리고 다시 시동을 걸었다. 이번엔 원주로. 내게 가족은 아니지만, 그보다 더 오래 기억될 사람들. 링 위에서 처음 마주쳤고, 땀과 타박상을 주고받으며 형제가 된 이들. 신기하게도 둘 다 제주 고씨였다. 고씨가 흔하냐고 물으면, 그들은 대답 대신 잔을 채웠다. 1차 한우곱창집을 지나 2차 칵테일 바에 이르러 자정을 반모금 정도 남겼을 때 말은 거의 없어졌다. 그러나 서로의 근육과 상처와 욕망이 비슷하다는 것을 굳이 입 밖으로 낼 필요는 없었다.

호텔에 도착했지만 잠은 오래 가지 않았다. 5시 30분. 예보에 있던 비 때문에 일찍 깼고, 그대로 짐을 챙겼다. 늦기 전에, 젖기 전에 돌아가야 했다. 밖은 흐렸고, 비는 아직 주저하고 있었다. 출발한 지 얼마 안 되어, 하늘은 마침내 결정을 내렸다. 비는 내리기 시작했고, 벚꽃은 함께 떨어졌다. 꽃잎은 천천히, 비는 조심스럽게. 그러다 멜론에서 흘러나온 한 곡, 비비 킹의 〈The Thrill Is Gone〉. 이 곡을 처음 들은 건 오래 전이었지만, 이렇게 어울린 적은 없었다.

"The thrill is gone away for good……"

"Someday I know I'll be open armed, baby. Just like I know I should……"

낡은 기타 소리. 너무도 느리게 미끄러지는 슬라이드. 그리고 비비 킹의 목소리. 무너질 듯, 그러나 끝까지 노래하는. 어느 누구도 그렇게 'gone'이라는 단어를 부드럽게 내뱉을 수는 없다. 슬픔을 속삭이듯, 체념을 연주하듯.

그 순간 나는 달리고 있었다. 비와 꽃잎 사이를. 세상에 소속되지 않은 기분으로, 그러나 세상의 모든 감각과 연결된 상태로.

잠시 멈추고 싶었지만, 그러면 이 리듬이 깨질 것 같았다. 그저 그대로 달렸다. 신호등도 내 맘을 알아주었는지 덕소 삼거리께에 와서야 양발을 신호대기 앞에 내릴 수 있었다. 강원도에서 올린 발을 경기도를 지나 서울 초입에 착지시켰다.

노래는 끝났고, 길은 남아 있었다. 비는 점점 가늘어졌고, 마음은 조금 더 젖었다.

만약이라는 이름의 감옥

경기 시작 후 3분 40초 지점이었다. 상대의 러닝 크로스라인을 피하며 롤링휠킥을 준비했는데, 왼발이 미끄러졌다. 밤새 수십 장의 편지지를 버려가며 썼지만 결국 상대 신발장이 아닌 쓰레기통으로 들어간 연애편지마냥, 볼썽사납게 킥이 수취인 불명으로 허공을 맴돌았다.

다행히 낙법은 자동으로 나왔다. 몸은 기억하고 있었다. 하지만 머릿속은 자동이 아니었다. 계속 되감기 버튼을 누르고 있었다. 다음 장면으로 넘어가지 못하고, 그 몇 초에 갇혀 있었다.

스피어로 흐름을 바꿨고, 관중은 여전히 열광했다. 경기는 나쁘지 않았다. 기술 몇 개가 정확하게 들어갔고, 마지막 대사도 깔끔하게 끝났다. 하지만 내 귀에는 상대의 호흡보다, 관객의 환호보다, 내 실수의 소음만 들렸다. 그때 왜 그 타이밍에 발을 올렸을까. 왜 반박자 먼저 나갔을까. 왜 손끝을 다

펴지 않았을까. 왜, 왜, 왜.

그리고 그 후, 일상이 무대 밖에서의 경기처럼 느껴지기 시작했다. 평범한 하루에도 실수의 그림자가 어른거렸다. 계단을 오르다 문득 그 장면이 떠오르고, 잠들기 직전에도 여전히 머릿속 편집자는 그 장면을 불러왔다.

후회는 후회를 불러왔다.

'만약 그 회사에 붙었더라면.'

'만약 그 사람에게 전화를 걸었더라면.'

'만약 내가 그 회의에서 내 주장을 끝까지 밀고 나갔더라면.'

인생은 분명히 내가 결정했는데, 마음은 늘 결정하지 않은 쪽에 붙어 있었다. 이미 지나간 일인데도, 끝나지 않은 경기처럼 머릿속에서 계속 돌았다. 나는 그 '붙잡히지 않은 가능성'들과 겨루고 있었다. 실패한 경기처럼 기억에 남는 여행은 없었다. 실패한 여행은 이상하리만치 생생했고, 애매하게 성공한 일들은 대개 흐릿하게 지나갔다.

내 머릿속 영상 편집자는 늘 실패 장면을 슬로우 모션으로 늘려 넣는다. 스피어가 정확히 들어간 장면은 기억하지 않는다. 롤링휠킥이 빗나간 순간만 반복 재생한다. 그건 정말 이상한 편집 습관이다. 다시 생각해도 난 그 타이밍을 놓쳤다. 그리고 아직도 거기서 못 빠져나오고 있다.

내 후회는 늘 백열등 아래에 있었다. 뜨겁고, 직설적이고,

아무 장식 없는 조명. 회피할 수도 없고, 모른 척할 수도 없다. 내 실패는 나를 끝까지 밝히고 있었고, 나는 그 아래에서 작아졌다.

'만약'으로 시작하는 문장은 대개 자기비난으로 끝난다. 그땐 그렇게밖에 할 수 없었다는 사실을 받아들이는 데는 시간이 걸린다. 기술이 어긋난 건 내 실수지만, 그 실수를 계속 붙잡고 있는 건 분명히 '선택'이다. 실수는 사건이지만, 후회는 태도다. 나는 그 태도에 지고 있다.

낙법이란 건, 몸을 다치지 않게 넘어지는 법이다. 그래서 무대 위에서 다시 일어설 수 있는 것이다. 그런데 마음은 어디에도 낙법을 배우지 않는다. 실패를 정면으로 맞고, 그대로 아파하고, 멍든 자리를 계속 눌러본다. 그리고 '만약에'라는 단어를 꺼내 상처를 더 깊게 판다.

이제는 안다.

내가 진짜 필요한 기술은 롤링휠킥이 아니라, 생각에서 빠져나오는 '심리적 낙법'이라는 걸. 완벽하지 않아도 괜찮다고 말할 수 있는 능력. 과거는 편집할 수 없지만, 그 장면에 대한 '반응'은 바꿀 수 있다. 반응이야말로 내가 새로 쓸 수 있는 대본이다.

경기를 마친 후, 나는 거울 앞에서 연습한다. 실수하지 않는 기술보다, 실수를 복기하지 않는 표정. 자책하지 않는 얼굴. 헬멧을 벗고 샤워실 거울 앞에 섰을 때, 한참을 바라본다.

여전히 미끄러질 수도 있는 나. 여전히 불안한 나. 하지만 이전과는 다른 나.

그래서 오늘은 다짐한다.

다음 경기에서 또 미끄러질 수도 있다. 그건 인간이기 때문에, 어쩌면 필연이다. 하지만 그 순간에도 내 머릿속에서는 '만약에'라는 자막은 뜨지 않을 것이다.

실패는 링 위에 두고 내려오자. 그리고 무대 아래에서는, 다시 사람으로 살아가자.

그게 프로다.

그게 내가 배운 진짜 기술이다.

- "만약에"는 과거를 바꾸지 못한 채 현재의 에너지를 갉아먹는다.
- 실수는 복기할 수 있지만, 자기비난으로 남겨선 안 된다.
- 진짜 프로는 '심리적 낙법'을 연습하는 사람이다.

아웃파이터처럼 살 것인가,
슬러거처럼 뚫을 것인가

얼마 전 영등포에서 열리는 생활체육 복싱대회에 참가 신청서를 접수했다. 학력고사 세대이니 아마도 최고령자가 아닐까 싶다. 복싱을 제대로 배운 건 코로나의 영향 때문에 마스크를 써야만 했던 때였다. 여러 격투기를 수련했지만 복싱만은 유독 늦었다. 하지만 늦었다는 생각은 들지 않았다. 오히려 그 나이에야 비로소 '때리고 맞는다'라는 행위의 본질을 이해할 수 있었다.

링 위에서의 싸움은 단순한 주먹질이 아니라, 삶의 문제들과 마주하는 방식과 똑 닮아 있었다. 경기를 시작하면 종소리는 단호하다. 링은 사방이 막힌 정사각형의 세계, 도망칠 곳은 없다. 심판은 공정하려 애쓰지만, 그 누구도 진짜 고통을 대신해주지 않는다. 그리고 상대는 문제처럼, 늘 예상과는 다르게 나온다. 익숙해질 법하면 변하고, 한 대를 피했나 싶으면 다음 펀치가 이미 날아들고 있다.

복싱에는 크게 세 가지 스타일이 있다. 아웃파이터, 인파이터, 그리고 슬러거. 이들은 단순한 전술적 차이가 아니라, 문제를 대하는 삶의 태도다.

아웃파이터 – 거리를 두는 지혜

아웃파이터는 거리 조절이 생명이다. 상대가 들어오면 빠지고, 비어 있는 틈을 정확히 찌른다. 무모하게 덤비지 않는다. 리스크를 최소화하며, 최대의 기회를 기다린다. 그들의 발놀림은 계산된 우아함이다. 삶에서 우리는 종종 '한 발짝 물러서야 할 때'를 놓친다. 누군가의 감정에, 돌발 상황에, 혹은 내 감정에 휘둘려 정작 중요한 걸 보지 못한다. 아웃파이터는 말한다. "지금은 싸울 때가 아니다. 전체를 봐라. 그리고 결정해라."

그들의 스타일은 인생의 '분석가'에 가깝다. 판단과 통찰이 섞인 움직임. 멀리서 보았기에 가능한 해결이 있다. 가장 우아한 펀치는, 가장 멀리서 날아온다.

인파이터 – 정면돌파의 용기

반면, 인파이터는 거리를 버린다. 스텝도 최소화된다. 링 안에서 몸을 밀착시키며 싸운다. 흔히 '더티 복싱'이라 불리는 클린치 싸움도 마다하지 않는다. 그들에게 중요한 건, 먼저 맞더라도 상대의 안쪽으로 파고드는 것이다. 삶이 가끔 우리를 벽으로 몰아세운다. 거리를 둘 수 없는 상황일 때, 분석할 여유도, 물러설 공간도 없을 때, 이럴 땐 인파이터처럼 문제 안으로 들어가야 한다. 비를 피하지 말고, 맞으면서 앞으로 나아가야 한다.

인생에도 그런 날이 있다. 두려워서가 아니라, 피할 수 없어서가 아니라, "지금이 정면돌파의 순간"이라는 걸 알기 때문에 부딪히는 날이. 인파이터는 무모하지 않다. 그들은 단단하고, 끈질기며, 무엇보다 용감하다. 그리고 종종 문제의 한 가운데서 답을 건져낸다.

슬러거 - 한 방의 믿음

마지막은 슬러거. 이들은 화려하지 않다. 그들의 무기는 단순하다. 바로 '한 방'. 펀치를 세게 치고, 세게 맞는다. 계산 대신 직관, 리듬 대신 파괴력이다. 우리는 인생에서 종종 이 슬러거를 닮는다. 복잡한 상황 속에서도 한 가지를 믿는다. 배짱, 진심, 혹은 타이밍.

슬러거는 고민보다 실행을 택하고, 이성보다 직감을 따른다. 삶의 어떤 문제들은 복잡하게 생각할수록 꼬인다. 그럴 땐 머리를 쥐어짜기보다, 가슴을 열고 '그냥 해보는 것'이 더 나을 때도 있다. 슬러거는 말한다. "한 방이면 된다. 믿고 던져라."

문제를 해결하는 방식은 절대 하나가 아니다. 사람마다 다르고, 상황마다 다르다. 문제를 피해서 보는 사람이 있고, 문제에 파고드는 사람이 있으며, 문제를 박살내야만 직성이 풀리는 사람도 있다.

내가 복싱을 좋아하는 이유는 이거다. 스타일은 다르지만, 목적은 같다. 곧 살아남는 것. 그리고 단지 살아남는 게 아니라, 앞으로 나아가는 것. 문제는 늘 새로운 얼굴로 찾아온다. 때론 부드럽게 웃고, 때론 가면을 쓰고, 때론 주먹을 먼저 날리기도 한다. 우리는 그 얼굴을 맞이하며, 스텝을 조정하고, 자세를 고치고, 그에 맞는 펀치를 준비해야 한다.

복싱이 말해준다.

"모든 문제는 그에 맞는 방식이 있다."

그리고 그 방식을 선택하는 건, 언제나 우리 자신이다.

새롭게 발견한 헬멧 덕트의 용도

엔진이 만들어내는 시동음을 들으며 라이딩을 하던 어느 날, 옅은 구름이 낀 하늘을 바라보며 생각했다. 사람 관계라는 것도 참 날씨 같다고.

 일산을 출발해 송탄으로 갈 땐 서늘했다가 낮엔 더웠다. 그러나 송탄에서 포항을 향해 갈 때 세찬 비바람에 시달렸고, 주행을 포기하고 천안에서 1박 후 다시 출발할 땐 눈을 맞아야만 했다. '4월에 내리는 눈'이라니. 텍스트로 써놓으면 이와이 슌지 영화 같은 감성적인 문구지만, 라이더 입장에선 여간 곤혹스러운 일이 아닐 수 없다.

 페이스북에서 친구였던 누군가가 나를 끊었다. 별다른 말 없이 화면에 찍힌 '팔로우 중'이라는 표시만 덩그러니 남았다. 그 사람은 나를 삭제했고, 나는 아직 그 흔적을 붙잡고 있었다. 얄궂고 우스운 일이었다. 나는 가끔 그런 이별들을 지나치게 무겁게 받아들인다. 아니, 무겁게 느껴진다. 어쩔 수 없이.

SNS뿐만이 아니다. 조금 전까지 농담을 주고받던 사람이, 이제는 아예 존재하지 않는 것처럼 굴 때, 나 혼자만 과거에 붙들려 있다는 기분이 든다. 혹시 내가 무슨 잘못을 했나 싶어 혼자만의 '반성 감옥'에 앉아 이리저리 기억세포 안을 검색해보지만 마땅한 게 없다.

하지만 오래 생각할수록 알게 된다. 떠나는 건, 나 때문이 아니다. 사람은 각자의 이유로 떠난다. 대부분은 아주 사소한 이유거나, 때로는 그들 자신과의 문제다. 그 속에 내가 끼어 있을 수도 있고, 아닐 수도 있다. 이걸 분리해내는 데 시간이 걸린다. 그 사람이 사라진 건 사실이지만, 그게 나를 부정하는 것은 아니라는 걸 받아들이기까지.

인정해야만 한다. 이건 내 존재를 부정하는 사건이 아니라, 그저 그 사람의 결정이다. 우리 삶에는, 대화가 끝나지 않은 채 떠나는 사람도 있고, 작별 인사조차 생략하는 관계도 있다. 급히 떠나며 일부러 목례를 했는데 마침 상대방이 못 봤을 수도 있다.

우리가 하는 일은 그 상처 위에 애써 물음을 덧붙이지 않는 것이다. "왜?"라는 질문을 수십 번 반복해도 돌아오는 답은 없기 때문이다. 누군가 나를 지워도, 내 마음이 가졌던 진심은 사라지지 않는다. 상대의 결정은 나를 폄하할 권리가 없다. 그렇게 생각하려고 한다. 생각하고 또 생각해서 믿으려고 한다.

마음은 본래 부서지기 쉬운 구조로 되어 있다. 무언가를 믿는다는 것은 필연적으로 상처받는 일과 연결되어 있다. 그럼에도 불구하고, 우리는 다시 누군가를 향해 다가간다. 조심스러우면서도, 가끔은 두려움 없이. 삶은 본래 그런 식으로만 이어질 수 있는 것 아닐까. 모든 만남이 끝까지 함께 가는 것은 아니다. 어떤 이들은 우리 삶을 잠깐 스쳐 지나간다. 마치 이른 봄 짧게 피었다가 사라지는 벚꽃처럼. 다만 그들이 남긴 흔적이 있었다면, 그것만으로도 충분할지 모른다.

상대가 먼저 손을 놓았을 때, 우리는 스스로를 더 꽉 잡아야 한다. 상대방이 나를 버렸다는 느낌에 흔들리는 것이 아니라, 나는 나를 여전히 지키고 있다는 사실에 집중해야 한다. 이별은 상처이지만, 동시에 하나의 연습이다. 스스로를 덜 미워하는 연습. 남의 행동에 내 자존을 걸지 않는 연습. 그리고 언젠가 진짜 곁에 머물 사람을 알아보게 되는 준비.

나는 앞으로도 누군가에게 상처받을 것이다. 그리고 누군가를 떠나보낼 것이다. 아마 이 진실은 아무리 애써도 바뀌지 않을 것이다.

그러니 오늘은 잠깐 멈춰서 숨을 고른다. 지난 인연을 미화하지도, 저주하지도 않고, 그저 조용히 아무것도 남기지 않은 하늘을 올려다본다. 조금 쓸쓸하지만, 그래도 괜찮다. 살아간다는 건 원래 그런 것이다.

이런 생각들을 하던 차 신호가 녹색으로 바뀌었다. 철커덩. 왼쪽 발로 기어를 넣자 엔진 밑에 있던 미션이 반응을 했다. 속도가 올라가자 헬멧 뒤로 생각들이 쓸려나가는 것이 느껴졌다. '시스템헬멧 네오텍3에 있는 덕트는 이런 용도구나'하고 생각했다.

병원이냐 체육관이냐, 중년의 스파링

어느 날 문득 나는 체육관과 병원 중 하나로 갈라지는 갈림길 위에 서 있음을 느꼈다. 체육관으로 가는 건 스스로를 때리기 위한 길이고, 병원은 맞고 나서야 겨우 움직이는 길이다. 땀을 흘리지 않으면 피를 뽑히는 양자택일의 세계에 들어섰다. 연대 병원에 가느냐, 아니면 박스원이나 펄스짐에 가느냐. 그 선택 앞에서 나는 글러브를 낀다. 스스로 맞기 위해서다. 리프팅 벨트를 멘다. 스스로 조이기 위해서다.

복싱 스파링은 기묘한 세계다. 정면에서 날아오는 주먹보다 더 강한 건, 내가 피하지 않은 자기 자신이다. 그러나 나는 때론 실패한다. 그렇다고 그 실패가 허무한 것은 아니다. 실패는 헤드기어를 치는 소리와 함께 뼈 속까지 들어오는 자각이다. 그리고 그것은 신기하게도, 다시 운동화 끈을 묶게 만든다.

운동은 기분의 사치가 아니다. 생존의 기술이다. 중년 이후의 체력은 더는 쌓아두는 것이 아니다. 쏟아부어야 유지되는 연료다. 웨이트 트레이닝에서 나는 근육보다 먼저 의지를 단련한다. 무게를 드는 팔보다 더 무거운 것은 '계속할 수 있을까' 하는 질문이고, 그걸 드는 건 종종 내 정신이다.

스파링에서는 단기간에 실패를 맛본다. 한 번 맞고, 숨이 턱 막히고, 뒤돌아서고 싶은 욕망이 고개를 든다. 그러나 그 순간의 실패는 성공의 예고편일 수 있다. 링은 속도를 가르치고, 체력은 가르친다. 그날 나보다 강한 사람에게 맞은 기억은 다음에 나를 더 강하게 만들기 위한 메시지다.

복싱은 자기계발의 축소판이다. 1라운드 2분 동안 빠르게 배우고, 빠르게 실패하고, 빠르게 일어선다. 나는 진심으로 패배해본 사람만이, 진심으로 남을 위로할 수 있다고 믿는다. 실수는 배움의 원료이며, 고통은 공감의 언어다.

역설적으로 운동은 뇌에게 주는 가장 좋은 휴식이다. 머릿속이 너무 복잡해질 때, 나는 생각을 그만두고 움직인다. 웨이트 트레이닝은 단순함으로 나를 밀어넣는다. 바벨 하나, 덤벨 하나, 그리고 거울 속의 나. 그 순간 나는 아무것도 해석하지 않아도 된다. 그저 버티면 된다. 찢어지는 근세포가 고민의 파도가 들이닥치지 못하도록 방파제를 만든다.

웨이트 트레이닝을 하는 동안, 철과 살이 부딪히는 소리에는 이상한 구원의 리듬이 있다. 어둡고 무거운 반복 속에서 사람은 이상할 정도로 자기 안의 빛을 본다. 그 빛은 대개 벽에 붙어 있는 아놀드의 포스터와 공조한다.

링 위엔 침묵이 있다. 복부에 들어온 한 방에 울컥하고 피곤한 팔을 마지막으로 뻗는 순간.

그 안에서 나는 살아 있음을 배운다. 성찰이란 늘 책상 앞에서만 생기지 않는다. 때로 그것은 스텝을 밟다 넘어질 때 온다. 또는 내가 친 펀치가 상대의 가드를 튕겨나갈 때 느낀다. 근육 실패점에서 전완이 풀려버릴 때 느낀다. 삶은 항상 맞서 싸우는 것이며, 가장 값진 깨달음은 주먹이 오가는 곳에서도 피어난다.

중년의 자기계발은 결국 '남는 힘'이 아니라 '지속할 힘'이다.

나는 오늘도 체육관으로 간다. 병원으로 가기 전에, 조금이라도 더 내 삶을 내가 주도하기 위해. 링 안의 실패는 인생의 실패보다 가볍다. 그러니 나는 기꺼이 맞고, 다시 일어난다.

왼쪽 무릎 연골이 사라진 자리에서

왼쪽 무릎 연골이 사라졌다는 말을 처음 들었을 때, 나는 내 몸 어딘가에서 조용히 흘러가던 시간의 잔혹함과 마주했다. 프로레슬러로 살아온 세월, 훈련과 시합이 일상이었고, 몸은 도구이자 무기였다. 그 무기의 이음매 하나가 이제 닳고 부서져 더 이상 제 기능을 하지 못한다는 것이다. 연골이란 게 그렇게 쉽게 사라지는 줄 몰랐다.

겨우 3mm 콜라겐 조직의 부재. 그 공백은 단순한 통증이 아니라 습관 전체를 바꾸는 파문이 된다.

계단을 오르내릴 때마다 무릎뼈는 부딪치는 소리 대신 통증이 내 귀에 속삭인다.

'남훈아, 예전 같지 않아.'

그 소리는 작지만, 일상에서 반복되면 꽤 큰 울림이 된다. 연골이 닳아서 뼈와 뼈가 부딪치며 서로가 날카로워졌다. 그 튀어나온 부분들이 무릎의 가동범위를 억제해버리고 만 것이다. 수술을 하면 나아질 수 있다고 하나, 시간이 꽤 걸릴 것이다.

침울한 한 달을 보냈다.

'이제 투렉 테이크다운은 못 쓰는 건가? 롤링휠킥은 어떻게 하지?'

아니, 이 사람아. 기술을 쓴다 못 쓴다 이전에, 링 옆 철제계단을 오를 때 뒤뚱거리는 모습을 보일 텐데, 그건 어쩔 건가. 부상을 받아들이는 건 생각보다 훨씬 느린 일이었다.

나는 무릎을 구부릴 수 없는 사람이 되었고, 무릎을 중심으로 세상이 기울어 보였다. 무엇을 해도 이 감각에서 벗어날 수 없었다. 일어나려 해도, 앉으려 해도, 무릎은 먼저 반응했다. 그건 육체의 신호였지만, 정신까지 움츠러들게 했다.

그러다 문득 이런 생각이 들었다.

'만약 이런 부상이 내 전신에 동시에 있었다면?'

두 무릎, 허리, 어깨, 손목까지 모든 관절이 다 이 상태였다면 나는 뭘 할 수 있었을까? 아마 더는 일어날 의욕조차 내지 못했을 것이다. 비슷한 상황은 과거에 있긴 했었다. 링에서 떨어져 하반신 마비가 된 적이 있었다. 나중에 다시 서술하겠지만, 기적적인 회복이 일어났을 때 의사 선생님은 희미한 미소를 지으며 말했다. "이제 복권 같은 거 사지 마세요. 이미 당첨됐어요." 이런 생각들이 서로 교차하며 이상하게도 나를 일으켜 세웠다.

차라리 한 군데 몰린 게 낫다. 고통이 집중되면, 집중해서 싸울 수 있다.

나는 무릎은 굽히지 않았지만 생각을 구부러뜨렸다. 바꿀 수 있는 건 생각뿐이었으니까. 웨이트에 힘을 더 실었다. 무릎을 대신할 수 있는 건 근육뿐이라는 재활의사의 말이 떠올랐다. 믿을 수 있는 건 남아 있는 것들뿐이었다. 허벅지와 엉덩이 근육, 복근과 등, 그리고 의지.

무릎을 보호하기 위한 체중 감량도 시작했다. 간단한 전략이었다. '덜 먹고, 더 움직인다.' 하지만 그것만큼 어려운 전략도 없다는 걸 금세 알게 되었다. 더 많은 체지방 소모를 위해 복싱은 오전 공복 상태에서 수행했다. 마침 선수부 훈련이 9시에 생겼다.

대개 인생이란 이렇다. 뭔가 마음을 먹으면, 이런 우연의 일치가 만들어내는 소소한 행운이 따르기 마련이다.

나는 그날의 칼로리 공급을 저녁 8시 이전에 닫기로 했다. 한 그릇 더를 참는 대신, 무릎에 더는 무게를 올리지 않기로 했다. 매일 최소 한 끼는 닭가슴살과 브로콜리, 방울토마토로 구성된 식단을 진행한다. 술은 어쩔 수 없이 금주다. 마신다면 월 1회 정도로 제한한다. 이제 맥주 한 잔도 마시려면 최소 이주일 전에 계획을 세워야만 한다.

이 작은 절제가 몸에 익숙해지자, 이상하게도 삶의 다른 부분까지 정돈되기 시작했다. 배고픔과 함께 정신이 맑아졌고, 이른 시간에 잠자리에 들 수 있었다. 부드러운 연골은 사라졌지만, 나는 더 단단해졌다.

　부상이 준 가장 큰 선물은, 내가 내 몸을 다르게 바라보게 했다는 것이다. 예전엔 도구였지만, 지금은 동반자다. 어느 날은 말을 잘 듣고, 또 어떤 날은 고집을 부린다. 하지만 이 몸과 함께 끝까지 가야 하기에, 이제는 좀 더 부드럽게 대한다. 버틸 수 있는 것이 아니라, 지켜야 할 것이 되었다. 왼쪽 무릎은 종종 늘 나보다 먼저 피곤해한다. 하지만 이상하게도 예전보다 나 자신을 더 믿게 됐다.

　연골은 사라졌지만, 의지와 습관은 남았다.
　때로는 그것만으로도 충분하다.

희망은 농담처럼 다가와 진담처럼 남는다

여의도 KBS 5층 라디오 스튜디오는 특유의 냄새가 있다. 전쟁 영화에 나오는 비상상황실 방폭 도어 같은 두꺼운 문을 지나서 안으로 들어간다. 예전엔 정복을 입은 경비원이 앉아서 들어가는 사람들의 이름을 공책에 적기도 했는데, 아무리 봐도 진짜 기록하기 위함이 아니라 그냥 끄적거리는 수준이었다. 그곳에는 특유의 냄새가 있다. 각종 방송장비에서 나는 것인지, 수십 년간 축적된 말들의 잔향인지 분간할 수 없지만, 나는 그 공간을 좋아했다.

대기실에 마주 보고 있는 소파를 중심으로 양옆에 하나씩 커다란 유리창으로 내부가 보이는 스튜디오가 있다. 왼쪽일까? 오른쪽일까? 오늘은 생방송이니 아마도 왼쪽 스튜디오일 것이다.

이곳에서 처음 방송을 한 것이 1999년이었다. 〈이본의 볼륨을 높여요〉의 게스트. 그때로부터 상당한 시간이 지났지만 작가가 인쇄해준 원고를 들고 스튜디오에 들어설 때마다 마치 그때로 돌아간 듯한 느낌이 들었다. 내 왼손엔 아이폰이 아니라 녹색 액정 SKY 핸드폰이 들려 있는 듯했다.

2017년, 출연을 마치고 나가는 길에 담당 PD가 말을 건넸다. "가을 개편 때 시사 프로그램 진행자로 연락이 갈지도 몰라요."

툭, 가볍게 던진 말이었지만 내 귓가엔 천둥처럼 울렸다. 데드리프트를 할 때처럼 어깨가 살짝 펴지고, 근육 실패점이 온 것도 아닌데 몸 곳곳에 젖산이 차는 것 같았고, 목이 말랐다.

엘리베이터를 기다리는 동안, 나는 천천히 그 말을 되새겼다. 가을 개편, 시사 프로그램, 진행자, 연락. 다정하고 따뜻한 말들이다. 방송일을 하는 사람이라면 특히 '연락'이란 단어가 떠오를 때쯤이면 사랑하는 여인과 한 침대에 있는 것보다 더 다정함이 느껴질 것이다. 엘리베이터 안에는 나 혼자밖에 없었지만 이미 마음속엔 그 여인과 손을 살포시 잡고 있었다.

그날 밤 나는 잠을 설쳤다. 마음속엔 이미 PD, 작가, 보조 작가와 함께 있는 단톡방이 만들어졌다. 아이템 구상을 하다가 내가 눈여겨본 네이버 기사 링크를 던졌더니 금세 반응이 왔다. 미리 구성해 본 오프닝 멘트가 떠돌았고, 침대 위 몸은 방송 대본에 펜으로 구간 표시를 하는 짓을 되풀이하고 있었다.

"김남훈의 시사 파이팅(가제), 오늘 다룰 이슈는……" 오프닝 멘트를 치다가 잠에서 깼다.

하지만 가을은 지나갔고 봄도 지나갔으며, 다시 가을이 돌아왔다. 그 어떤 연락도 없었다. 내 전화는 조용했고, 문자 메시지도 적적했으며, 메일함은 냉정했다. 내 손을 잡아주던 그 여인은 어디 갔나. 환상이었을까?

그 PD의 말은 그저 지나가는 농담이었을까? 아니, 그건 아닐 것이다. 이런 말로 농담을 하는 경우는 없다. 게다가 막내 PD도 아니고 꽤 높은 자리에 있던 사람이었다. 아니면 현실 속 사정이 바뀐 것일까? 어른들의 사정이 있는 것일까? 이유는 알 수 없었다.

그러다가 우연히 들어간 방송국 홈페이지에서 내가 어렴풋이 생각하고 있었던 어느 라디오 프로그램의 진행자가 다른 분으로 바뀐 것을 알게 되었다. 이번에 진행자로 입봉하면서 말쑥하게 빼입은 양복 차림, 사진 속 치아가 하얗게 빛나고 있었다. 나는 그 치아에 물린 듯, 가슴에 작은 움푹 파인 자국만이 희미하게 남았다.

그러던 2018년 초, 이번엔 WWE 해설을 하러 방송국에 갔다. 쉬는 시간에 제작 PD가 말을 꺼냈다. "WWE에서 연락 안 갔어요? 메일 보냈다고 하던데."

그 말은 더 묘했다. 어떤 근거도, 확신도 없어 보였다.

"뭐 때문이요?"

"글쎄요, 저도 몰라요."

그 말을 들은 나는 아주 잠깐 숨이 멎는 기분을 느꼈다. 머릿속엔 어처구니없는 그림들이 그려졌다. 1985년 미군방송 AFKN으로 WWF를 보며 몸을 부르르 떨던 국민학생으로 되돌아갔다.

혹시 출전 요청? 설마?

전혀 현실성이 없지. 하지만 무슨 이벤트 매치 같은 걸 기획하는 게 아닐까? 아니면 아시아 마케팅의 일환으로 WWE가 한국에서 경기를 연다면?

그때 링 위에 나를 올리는 그림? 말도 안 되지만… 그 말도 안 되는 상상 속에서 나는 꽤나 멋지게 싸우고 있었다. 휘암 스매쉬! 엘보우! 스피어! 원투! 탄자니아 백드롭! 해설석이 아니라 링 위! 마이크가 아니라 해머링!

며칠 뒤 도착한 메일은 실망과 웃음을 동시에 안겨줬다.

"셔츠를 보내드리려 합니다. 사이즈를 알려주세요."

나는 답장을 보냈다. "2XL, not Asian size. American 2XL please."

그게 전부였다. 나는 허탈하게 웃었고, 그때 받은 폴로셔츠는 지금도 요긴하게 쓰고 있다. 강연장이나 행사장에서 내 귀중한 경력을 증명하는 족보처럼 말이다.

꿈에서 깨어나 내 손을 잡아주던 그녀가 부재하다는 걸 느꼈던 순간. 하지만 이상하게도 그때의 기분은 전적으로 쓰디쓴 것만은 아니었다. 아주 짧은 순간이나마 진심으로 기뻤고, 미래를 기대했고, 스스로를 상상 속에서 빛나게 만들었기 때문이다.

혼자서 자가발전하는 이런 기대는 헛된 것일지도 모른다. 하지만 이상하게도, 나는 그런 기대 속에 머무는 시간이 좋았다. 결과보다 그 사이의 시간이, 실현보다 상상의 감정이 내겐 오래 남았다. 마치 산책로에 핀 들꽃처럼. 누군가 일부러 줍지 않아도 그 순간 스스로 피어나는 기쁨 같은 것.

누군가는 말한다. 괜한 기대는 상처만 남길 뿐이라고. 나는 그 말에 조심스레 고개를 젓는다. 상처는 남을지언정, 그 짧은 기쁨은 누가 부정할 수 있을까. 무언가를 간절히 기다려본 사람만이 알 수 있는 맛. 달기도 하고, 짜기도 하며, 때론 시큼하다.

나는 그걸 알고 있다. 게다가 무해하다. 그 누구에게도 원치 않는 부담을 지우지 않는다.

희망이란 때때로 시시껄렁한 농담처럼 찾아와, 눅진한 진담처럼 남는다. 그리고 그것만으로도 이 삶은 조금은 살 만해진다.

생선까스와 스페이스 바주카

"남훈아. 지금 어디냐. 와라. 맛있는 거 사줄 테니까 와라."

전화 너머로 들리는 관장님의 목소리는 언제나 무뚝뚝했다. 어딘가 조금 급하고, 조금 거칠고, 그래서 더 진심 같았다. 몇 년을 알고 지냈지만 이렇게 갑작스러운 호출은 처음이었다.

나는 대림역, 관장님은 건대입구. 7호선을 타면 곧장 연결된다지만, 서울의 거리란 본래 시간의 문제보다 마음의 문제다. 가까워도 멀고, 멀어도 어쩔 수 없이 간다. 관장님의 말에 나는 '가야 한다'고 생각했다. 이유는 묻지 않았다. 하지만 일말의 기대는 있었다. 대체 뭘 먹는 것일까? 맛집 프로그램에 갑자기 대타로 불려나가는 심정이 이런 것일까.

체육관에 도착하자 관장님은 언제나처럼 카운터에 앉아 계셨다. 가만히 앉아 있는 것만으로도 주위를 긴장시키는 기운. 190cm가 넘는 키, 130kg의 육중한 몸. 한국에서 역발산, 일본 레슬링계에서 '스트롱머신 2호'. 신일본 프로레슬링 링을 누비던 시절, 그는 복면을 썼다. 팬들은 그의 정체를 알지 못했다. 하지만 링 위에서 그의 존재는 압도적이었다. 기계처럼 움직이고, 괴물처럼 타격을 날리고, 가끔은 무너졌다. 실제로 보면 눈앞에 63빌딩이 서 있는 느낌이다. 그런데 그 황금색 거대한 것이 링 모서리 턴버클 꼭대기에서 돌려차기를 하면서 링 중앙까지 날아간다.

그것뿐이랴. 링 밖 장외에 있는 상대를 향해 탑 로프를 뛰어넘어 날아간다. 탑로프 플란챠. 그 엄청난 박력에 일본 아나운서는 '스페이스 바주카'라는 애드립을 날렸고, 당대 최강 안토니오 이노키도 그 기술을 받아들이기를 포기하고 도망갈 정도였다.

그 모습을 텔레비전으로 보며 나는 생각했다. 저건 기술이 아니라 선언이라고. 그런 사람이 오늘 나를 부른 것이다. 그리고 "맛있는 걸 사주겠다"라고 했다. 마음이 들떴다. 기대는 자란다. 천천히, 하지만 멈추지 않고.

우리는 주차장으로 향했다. 관장님의 차는 벤츠였다. 번쩍이는 검은 차체가 무심히 놓여 있었고, 그 앞에서 관장님은 못 하나를 주워 들었다. "멀쩡하네. 쓸 수 있어." 그는 그렇게 말했다.

한때 수천 명의 관객 앞에서 싸우던 사람도, 지금은 땅바닥의 못 하나를 아까워한 것이다. 그 순간 나는 이해했다. 이 사람은 흘리지 않는다. 벌어도 흘리지 않고, 잃어도 체념하지 않는다. 그것이 그를 '살아남은 자'로 만든 것 아닐까.

차는 출발했다. 조용한 실내, 탄탄한 서스펜션, 네 사람 같은 두 사람의 무게를 덜컥임 없이 받아내는 독일의 기술력. 올림픽대로를 타는 듯하다가, 곧바로 빠져나가 한남대교로 향했다.

어디로 가는 걸까. 미슐랭 스타 식당? 방송에 안 나온 숨겨진 맛집? 머릿속은 자꾸 상상 속의 매치업을 그렸다.

장충체육관에서 시합을 하는가 싶더니 어느새 도쿄돔이다. 입장로를 향해 가는데 검정색 펜슬스커트를 입은 여인이 갑자기 달려들더니 "팬이에요"라고 외친다. 설마 그럴 리가. 고개를 몇 번 휘이휘이 돌리니 신사역 근처의 어느 오래된 골목이다. 간장게장으로 유명한 식당가를 지나 더 안쪽으로. 그리고 도착한 곳은… 놀랍게도 돈까스 전문점이었다.

관장님은 익숙한 듯, 한 치의 주저함도 없이 문을 열고 성큼성큼 들어가 안쪽에 앉는다. 주인과 종업원인 듯한 사람들이 살갑게 대하지는 않지만 전혀 놀란 기색도 안 보이는 것을 보니 단골이긴 한 것 같다.

"여기 생선까스가 맛있어. 두 개 주세요." 나한테는 묻지도 않고 주문을 끝냈다. 그의 시그니처 기술인 파워슬램처럼 빠르고 정확했다.

실망은 컸다. 기대가 높았기 때문이다. 생선까스는 그리 나쁘지 않았다. 바삭했고, 부드러웠다. 나는 묵묵히 포크를 들었다. 그 옆에서 관장님은 별말 없이 식사를 이어갔다. 침묵이 흘렀고, 그 사이로 튀김옷이 바스락거렸다.

고작 이걸 먹으러 내가 여길 온 건가. 고작 이걸 먹자고 부른 건가.

마음속에서 작게 마찰음이 일었다. 하지만 명태살이 잘게 씹혀 식도를 몇 번 타고 들어가면서, 관장님의 손이 눈에 들어오기 시작했다. 사람이 아닌 곰 같은 커다란 손이 나이프로 생선까스를 자르고 포크로 찍어서 타르타르소스에 적신 후 입으로 운반했다. 정교하고 정밀한 작업. 이 생선까스는 음식 그 이상이 아닐까. 일본에서 지내던 시절, 링 위에서 얻은 상처들, 싸움이 끝난 뒤 숙소로 돌아오는 길에 들렀던 작은 정식집. 어딘가 외로웠을 그날의 자신에게 위로가 되었던 한 접시의 따뜻한 생선까스. 남미 출신의 한 레슬러 '집시 죠'는 일본에 머무는 동안 소고기덮밥을 유난히 좋아했다고 한다. 그에게 덮밥은 그를 불러준 또 다른 고향 일본에 대한 기억이자, 생존의 증표였다.

얼마 전에는 추성훈이 자신의 유튜브 채널에서 '리베라 스테이크' 이야기를 했다. 그곳은 꽤 오래전부터 외국인 프로레슬러와 격투가들이 즐겨 찾던 곳인데, 오너와 친분이 생기면 가게 로고가 들어간 야구 점퍼를 선물받기도 했다. 그렇게 손에 넣은 '리베라 스테이크'가 새겨진 야구점퍼는 일종의 보증서이기도 했다. 파이터를 볼 줄 아는 오너가 인정한 강한 사람이라는 증명. 링에서 인생을 걸고 싸우던 이들이 시합 끝내고 먹었던, 기운을 다시 불어넣던 단백질 덩어리. 그것은 근육의 연료이기도 했지만, 삶을 붙들던 의식이기도 했다.

음식은 때로 사람을 견디게 한다. 누군가에겐 엄마가 끓여주던 된장찌개가, 또 누군가에겐 야근 끝에 혼자 먹던 편의점 삼각김밥이 삶과 직결되는 유일한 위로였을지도 모른다. 그 날의 생선까스는 아마도 그런 것이었을 것이다.

나는 포크를 내려놓고 다시금 관장님의 얼굴을 바라봤다. 말이 없고, 표정도 없었다. 하지만 그 속에 많은 이야기가 있었던 것 같다. 링 위의 시간, 고국과 타지 사이의 균열, 그리고 겨우겨우 붙잡아낸 한 사람의 중심.

지금도 생선까스를 먹을 때면 그날이 생각난다. 기대와 실망, 그리고 조용한 존경이 교차했던 점심. 아무렇지 않은 얼굴로 특별한 음식을 먹는 누군가를 이해할 수 있었던 순간.

그때부터 얼추 20년은 훌쩍 지난 2025년 5월 초. 평택의 PWS 도장에서 젊은 선수들의 훈련을 지켜봤다. 그들이 훈련을 끝내고 땀이 식으려 할 무렵, 내가 말했다. "맛있는 거 먹으러 가자."

그리고 네이버 지도로 검색한 인근 중국집으로 데려갔다.

"오늘 내가 낼 테니까 아우님들은 먹고 싶은 거 시켜. 난 짬뽕."

출전 전야

해가 아직 있을 때는 괜찮다. 하지만 태양계 세 번째 행성이 태양이라는 존재의 은혜를 잠시 내려두어야 하는 일몰이 시작되면, 내일 있을 전쟁이 드디어 현실로 자각된다.

권투시합. 가장 원초적인 격투기. 그 앞에 선 나는 이 세상에서 가장 오래된 의식을 앞둔 짐승처럼 가만히 숨을 죽인다. 아무것도 바꿀 수 없다. 아무것도 도망칠 수 없다.

장비를 점검하고 글러브를 말리고, 입술 안쪽의 상처를 혀끝으로 쓰다듬는다. 복싱화의 오른쪽 앞꿈치만 심하게 닳았다. 오른손 카운터를 칠 때 발목을 회전시켰다는 것이다.

괜한 으쓱함도 잠시.

나는 알고 있다.

이것은 경기이자 의식이고, 제사이며 또한 심문이다. 내 모든 삶이 이 링 위에서 다시 한번 증명되어야 하는 재심과도 같다. 판결은 이미 내려졌을지도 모르지만, 난 다시 그 법정에 오른다. 내 피로, 땀으로, 숨소리로 항소한다.

생활체육인데 구태여 하는 의문이 들 수도 있다. 전용 락커룸도 없고, 화려한 입장 퍼포먼스나 등장 음악도 없다. 하지만 모든 싸움은 그 자체로도 의미가 있다. 내가 처절하게 준비하지 않으면, 무엇보다 상대에 대한 예의가 아니다.

넥쏘의 시동을 켠다. 촉매가 수소를 분해하자 전기가 발생되고, 모터가 돌자 헤드라이트가 어둠을 비춘다. 하지만 일산으로 가는 길을 빛으로 가득 채우기엔 역부족이다.

오늘 밤 도로는 바다다. 등 뒤에서 밀려오는 수천 톤의 어둠이 내 등을 떠민다. 앞으로만 나아가야 한다.

내가 링 위에서 싸우는 그 순간, 나는 인간과 싸우는 것이 아니라 내 존재 전체와 싸운다.

모비 딕은 고래가 아니었다. 그것은 의지의 환영이며, 피할 수 없는 운명이었다. 에이헤브 선장은 그것을 추적하며 스스로를 증명하려 했다. 나 또한 마찬가지다. 내가 내일 만나야 할 고래는 실존하지 않는다. 그러나 그것은 분명히 나를 향해 헤엄쳐 오고 있다. 물살을 가르며, 숨을 죽이며, 내 턱을 향해 달려든다.

주먹은 단순하다. 그러나 고결하다. 말도, 핑계도, 변명도 허락되지 않는 세계에서 오직 하나의 진실만이 남는다.

맞았는가, 버텼는가, 쳤는가, 쓰러졌는가. 그것뿐이다.

내일 나는 그 간결한 문장 속에 내 인생을 문단처럼 눕힌다. 내 인생이 세 줄의 시라면, 그 마지막 행은 언제나 주먹으로 끝난다.

나는 감정적이다. 이 감정은 내가 살아 있다는 증거다. 나를 작게 만들지 않는다. 오히려 정화시킨다. 불순물 없는 긴장만이 남는다. 그 안에서 나는 나다.

내일 벨이 울리면 나는 피쿼드호로 걸어 들어갈 것이다. 그 누구도 아닌 나로서. 그 어떤 이유도 아닌 존재 자체로서.

그리고 나는 나만의 고래를 향해 주먹을 날릴 것이다.

후회라는 서먹한 친구

서먹한 친구 하나쯤은 있다. 후회는 늘 어딘가 불쑥 나타난다. 생각보다 자주, 생각보다 가까이에서. 문득 지나친 골목에서 다 쓰고 조금 남은 지우개 조각처럼 문득 내 마음 한쪽을 툭 건드린다.

"그때 전화할 걸 그랬나?"

"그 회사에 메일을 보냈어야 했는데."

"내가 왜 헤어지자고 그랬지?"

그럴 땐 괜히 머쓱하다.

"또 왔어?"하고 묻지도 않았는데 벌써 옆자리에 앉아 있다. 어쩌면 후회는 약간 서먹해진 친구 같은 존재일지도 모른다. 예전엔 정말 친했는데, 지금은 연락도 뜸하고, 만나면 어색하고 지루한. 가끔은 회사 앞이라며 톡이 와서 마지못해 나가보기는 하지만 마음속으론 '그만 왔으면'하고 짜증이 나는. 그렇다고 미워하기엔 뭔가 애매하고, 그렇다고 매번 반갑게 맞아

줄 수도 없는 그런 사이.

 우리는 후회를 멀리하려고 애쓴다. 잊으려 하고, 외면하려 한다. 하지만 그러면 이상하게 더 자주 생각난다. 마치 연락하지 말자고 다짐한 날에 한 번 더 전화를 거는 것처럼.

 그래서 요즘은 이렇게 해보려 한다. 그 친구가 찾아오면, 잠깐 커피 한 잔쯤은 같이 마셔주는 거다. "맞아, 너도 참 오랜만이네." 한숨 한 번 쉬어주고, 옛날 얘기 조금 듣고, 그러다 보면 금방 지루해진다. 그러다가 아이스 아메리카노가 1/3 정도 남았을 때 "이제 그만 일어나자"하고 보내준다. 이런 식이다.

 후회는 마음에 오래 담아두면 상처가 되지만, 적당히 다뤄주면 그냥 지나간 시간이 된다. 만약 지금, '후회'라는 이름의 친구가 자꾸 찾아와 마음을 어지럽힌다면 너무 긴 대화를 나누지는 말자. 그렇다고 차갑게 문전박대할 필요도 없다. 그냥 적당히 가끔 만나고, 가끔 무시하고. 때로는 너를 만들어준 조각 중 하나였다고, 그 정도로만 기억하면 충분하다.

 우리는 누구나 서먹한 친구 하나쯤은 품고 살아간다. 잊히지도 않고, 다시 친해지고 싶지도 않은 그런 친구. 괜찮다. 그 친구가 있다고 해서 지금의 네가 나쁜 건 아니다. 오히려 그 친구 덕분에 더 조심스러워졌고, 더 깊어진 면도 있을 테니까.

 오늘도 그 친구가 문득 떠오르거든 살짝 미소 지으며 이렇게 말해보자.

"그래, 너 아직도 거기 있었구나.

뭐, 나도 잘 지내고 있어.

커피 마시러 올래? 사거리 무인카페로 와."

인생은 터프솔라처럼

수년 전, 누군가에게서 선물 받은 G-SHOCK 시계가 있다. 튼튼했고, 무겁고, 필요 이상으로 많은 기능을 갖고 있었지만 딱히 그게 불편하지도 않았던 시계. 한때는 손목 위에서 성실하게 시간을 알려주었고, 가끔은 백라이트를 켜며 야경처럼 작은 위로를 주던 녀석이었다. 그러다 어느 순간부터 애플 워치에 밀려 차지 않게 되었고, 시계는 조용히 수납장 서랍 한 칸에 눕혀졌다.

몇 해가 흘렀다. 아무 일도 없었던 것처럼, 혹은 모든 일을 이미 알고 있는 것처럼 말이 없다가, 어느 날 문득 그 시계가 떠올랐다. 꺼내보니 멈춰 있었다. 바늘도, 숫자도, 작은 전자음도 멎은 채였다. 태양광 충전 방식이라는 건 알고 있었지만, 아무리 빛에 비춰도 꿈쩍도 하지 않았다. 혹시 배터리가 완전히 죽은 걸까.

시계방을 찾았다. 네이버 지도로 검색을 했는데 이런 곳이 아직도 있다는 것에 다시 놀랐고, 배터리 값만 10만 원쯤 할 거라는 말에 또 놀랐다. 태양광 충전도 배터리는 결국 소모품이라며. 괜히 멈췄다는 이유만으로 조급히 해결하려 들었다가는 큰돈이 들 수도 있다는 걸, 그때 처음 실감했다.

그러다 서른 발자국 정도 떨어진 곳에 있는 두 번째 시계방 주인이 말했다.

"요즘 날씨 좋잖아요. 하루쯤 베란다에 내놔보세요. 의외로 돌아올 수도 있어요."

그 말이 이상하게 마음에 남았다.

다음 날, 아주 밝은 날이었다. 아파트 베란다에 시계를 살며시 놓아두었다. 따로 무언가를 하지 않고, 그저 거기에 있도록 했다. 그리고 반나절쯤 지나, 시계는 다시 움직였다. 소리도 없이,

대단한 드라마도 없이. 그냥 시간을 다시 걷기 시작했다.

그날 이후 나는 가끔 이 시계를 보며 생각한다. 세상에는 어떤 종류의 고장이 있다. 즉각 수리해야 하는 것도 있지만, 너무 급하게 고치려 들면 오히려 문제를 키우는 경우도 있다. 때로는 그냥 빛이 들기를 기다리는 것만으로 충분한 일도 있다. 어쩌면 G-SHOCK의 터프솔라처럼, 인생이라는 것도 전력이 다했더라도, 햇빛 하나로 되살아나는 방식일지도 모른다. 그 느긋한 회복력에 대해 나는 요즘 자주 생각한다.

손목 위에서 다시 움직이는 G-SHOCK을 보며 생각한다. 누군가의 인생도, 어느 맑은 날 베란다 위의 시계처럼, 조용히 다시 움직일 수 있기를.

함께 빛난 문경의 1박 2일

진남 휴게소.

 잠시 멈춰 선 우리 앞에, 한 사람이 다가왔다. 짙게 그을린 얼굴, 묵직한 눈빛을 가진 의성의 싸나이였다. 그는 억센 경상도 억양이지만 조심스럽게 물었다. "나도 함께 해도 됩니까?"

 우리는 서로를 바라봤다. 길고 짧은 눈빛이 오간 끝에, 모두가 고개를 끄덕였다. 말이 필요 없었다. 같은 바람을 맞고, 같은 심장을 가진 이라면, 그것만으로 충분했다. 그렇게 우리는 문경으로 향했다. 들판은 이미 봄빛으로 물들고 있었다. 바람은 부드럽고, 햇살은 묵직했다. 구불구불 이어진 길을 따라, 엔진 소리가 흩어지고 합쳐지기를 반복했다. 6기통 수평대향은 오늘도 변함없이 4,500RPM에서 토크를 발생하며 우리를 밀어내고 있었다. 앞으로 더 가라고. 한 발 더 나아가라고.

 다운힐에 모래라는 학력고사 수학 주관식 3번 같은 함정도 있었지만 우린 용케 잘 피해갔다. 누군가는 맨 앞에서 길을 열었고, 누군가는 뒤에서 넘어질지 모를 동료를 살폈다.

 드디어 가시권에 들어선 펜션. 하지만 도착 50미터 남은 상황에서 또 한 번 수학 주관식이 나왔다. 하지만 용케 우회전을 해서 무사히 도착할 수 있었다.

 족구장은 생각보다 치열했다. 한 발 한 발 뛰어다니며 외치는 소리, 터지는 웃음, 때로는 살짝의 아쉬움. 누군가는 무릎까지 꿇으며 몸을 던졌고, 누군가는 머쓱하게 뒤로 넘어가면서도 배꼽 잡고 웃었다. 배드민턴 라켓을 쥔 손은 서툴렀지만, 셔틀콕 하나에도 우리는 온 힘을 다했다.

 해가 서쪽으로 자취를 감추기 시작할 무렵, 우리는 세 개의 불판을 꺼냈다. 목살과 삼겹살이 불판 위에서 지글지글 소리를 냈다. 고소한 냄새가 퍼지고, 연기가 천천히 하늘로 올라갔다. 익은 고기를 서로 접시에 올려주며 자연스럽게 온기가 돌았다. 고기 한 점, 밥 한 숟갈이 유난히 소중했던 시간. 거기에는 어떤 계산도, 체면도 없었다. 그저 함께 먹고, 함께 웃었다.

 식구란 무엇인가. 같이 밥을 먹는 사람들이다. 우린 그렇게 식구가 되었다. 노을보다 더 붉게 알코올로 얼굴이 물들 무렵, 노래자랑이 시작되었다. 멋진 기타 반주에 맞춰 노래를 부른 사람, 부끄러워 고개를 숙이던 사람, 그리고 그걸 끊임없이 응원해주는 사람들.

밤이 깊어가면서 사람들은 불꽃을 피우듯 이야기들을 꺼내 놓았다. 누구는 오래된 꿈을 이야기했고, 누구는 조금 남은 후회를 꺼냈다. 우리는 이미 약속했다. 꿈은 담고, 후회는 흘려보내기로. 꺼져가는 숯불을 사이에 두고, 우리는 별이 되어 앉아 있었다. 서로를 비추기도 하고, 서로에게 기대기도 하면서.

다음 날 아침. 이른 햇살 아래 나는 먼저 길을 나섰다.

혼자였지만, 혼자가 아니었다. 난 머릿속으로 길게 이어진 바이크의 행렬과 함께 하고 있었다. 앞서 가는 사람의 붉은 테일램프를 좇으며, 우리는 서로를 믿고 달렸다.

빠르게 스쳐가는 나무들, 텅 빈 국도 위를 가득 채운 엔진 소리. 그 모든 것들이 이상할 정도로 아름다웠다.

넘어질까 봐 두려운 순간도 있었다. 잠시 길을 잃을 것 같은 순간도 있었다. 하지만 언제나 옆에는 누군가 있었다. 조용히 속도를 맞추고, 작은 신호로, 짧은 눈짓으로, 서로를 지탱했다.

문경의 하늘 아래 우리는 이름도 닉네임도 필요 없었다. 세나 인터컴도, 매쉬도 필요 없었다. 어디서 왔는지, 무엇을 하는지조차 중요하지 않았다. 그저 같은 길을, 같은 바람을, 같은 심장으로 달렸다는 것. 그것 하나로, 우리는 충분히 연결되어 있었다.

인생이란 긴 여정에서 잠시 같은 길을 달려준 사람들이 있다면, 그 하루만으로도 살아볼 만한 인생이다.

그리고 우리는 그 하루를 가졌다.

통곡의 벽

 집에서 체육관까지 향하는 길목. 좌회전 한 번이면 조카가 다니는 고등학교가 나온다. 그날도 평소처럼 운동을 마치고 돌아오는 길이었는데, 조카에게서 카톡이 하나 도착했다. 사진 한 장이 첨부돼 있었다. 학교 도서관의 서가. 그 중간쯤에 익숙한 글자가 시야를 잡아챘다. '허세라서 소년이다.' 내가 쓴 책이었다. 알고 보니 그 학교에는 그 책 말고도 내 책이 두 권 더 있다고 했다. 도서관 속 내 이름. 누군가의 일상 속에 우연히 스며든 문장.

 그게 그렇게 반가웠다. 등줄기가 따뜻해지고, 어깨가 들썩였다. 나는 어째선지 조카에게 약간의 용돈도 보냈다. 그날 저녁, 출판사에서 보낸 우편물 안엔 9쇄 발행에 대한 감사 편지와 증정본 두 권이 들어 있었다. 가볍게 넘길 수도 있었지만 그날은 뭔가 달랐다. 왠지 모르게 "학교에 가야겠다"라는 생각이 들었다. 사람이 움직일 때는 늘 그런 것 같다. 이유가 뚜

렷한 게 아니라, 기류 같은 게 등을 밀 때가 그렇다. 나는 꽤 오랜 시간 청소년 진로 특강, 소년원 강연, 기업 동기부여 강사로 살아왔다. 그 시간 동안에 지켜온 원칙이 하나 있다. 재능 기부는 하지 않는다. 프로라면, 일에는 대가가 있어야 한다. 무료 강연은 다른 강사의 생존을 위협할 수 있으니까. 그게 내 신념이었다. 어떻게든 지켜왔다.

그런데 이번만은 달랐다. 업계도, 계약도 아니었다. 그저 내 조카가 다니는 학교였고, 그 아이가 언젠가 내 강연을 강당에서 보게 된다면 그 자체로 아주 작지만 재밌는 이야기가 될 것 같았다. 그래서 나는 처음으로 '내가 먼저 제안하는 강연'을 시도해보기로 했다.

처음엔 전화부터 걸었다. 수업 시간일까 조심스러웠지만, 몇 번의 연결 끝에 도서관 사서 선생님과 통화가 이어졌다.

"선생님, 안녕하세요. 저는 『허세라서 소년이다』라는 책을 쓴 김남훈이라고 합니다. 제 조카가 학교에 다니고 있는데요…"

"그런데요?" 이미 어딘지 불편한 어조로 시작되었다.

"학교 도서관에 제 책이 있다고 들었어요. 혹시 일정 맞으면 학생들 진로특강이나 동기부여 강연 같은 걸, 제가 무료로라도 한 번…."

"성함이 어떻게 되신다고요?"

"김남훈입니다."

(탁탁탁. 키보드 소리)

"네, 그런데요?"

"혹시 제가 선생님 편하실 때 학교로 찾아뵈어도 괜찮을까요?"

"…네. 그러세요. 오시기 전에 연락 주세요."

말끝은 닫혀 있었다. 어디서도 문이 열리는 소리가 나지 않았다. 환대도, 거절도 아니었다. 그저 기류가 없었다.

이틀 뒤, 나는 조심스레 학교를 찾았다. 교복을 입은 아이들이 웃으며 운동장을 뛰어다녔다. 화단엔 봄꽃이 피어 있었고, 복도 끝에는 자판기에서 철커덩 캔 음료가 떨어지는 소리가 났다. 모든 게 평화로웠다.

도서관 앞에 섰다. 노크 후 문이 열렸다. 안쪽에는 50대 중반쯤 되어 보이는 작은 체구의 사서 선생님이 앉아 있었다. 안경은 코끝에 걸려 있었고, 그 너머의 시선은 내가 누구인지 벌써 알고 있다는 듯, 낯섦 없이 건조했다.

"안녕하세요. 며칠 전 전화드린 김남훈입니다."

"아, 네, 안녕하세요."

그 말은 한 줄기의 데이터였다. 음의 떨림도, 감정의 여백도 없는 기계적인 문장. 그리고 마치 내 방문을 예측이라도 한 듯 다른 선생님이 곧장 나타났다. 그는 학년부장이라고 자신을 소개했다.

"안녕하세요. 강연을 하시겠다고요?"

"네. 제 조카가 이 학교를 다녀서요. 제가 강연을 많이 다니거든요. 〈세상을 바꾸는 시간 15분〉에도 여러 번 출연했고요. 진로와 직업 관련 교과서에도 실렸습니다. 아이들에게 조금이라도 도움이 될 수 있다면 좋겠습니다."

"여긴 인문계 학교고요. 보시다시피 여긴 도서관이거든요."

앗, 대체 무슨 생각을 하고 계신 거지. 갑자기 난기류를 만난 비행기마냥 마음이 흔들리기 시작했다.

"네, 도서관에 제 책이 세 권 있다는 얘길 듣고…"

"올해는 일정이 다 찼고요. 인문계라 체육 쪽 수요는 별로 없어요."

"아… 제가 운동을 가르친다는 것은 아니구요. 전 프로레슬러이기도 하지만, 진로 관련 강연도 많이 하고 있어서요…"

"(말을 자르며) 내년에 예체능 선생님께 이야기해보고 관심 있는 학생 있으면 연락드릴게요. 호호."

그때 나는 알았다. 이곳에는 내 말이 닿지 않는다. 자음 하나, 모음 하나. 모두 흩어져버렸다. 의미 없는 공기의 떨림. 그들은 나를 '운동하는 사람'이라 규정했다. 그리고 '운동을 가르치는 사람'이라고 재차 규정했다. 그러니 인문계 고등학교, 특히 도서관에선 의미와 쓸모를 찾기 힘든 사람이라고 생각한 것이다.

엄격하게 따지자면 틀린 말은 아니었다. 하지만 절반의 진실만으로 사람을 정의하면, 그건 오해가 아니라, 단절이다. 나는 내가 말한 문장을 나 이외에 그 누구도 실제로 '들은' 사람이 없음을 느꼈다. 여기 있는 벽은 너무 단단했다. 교무실의 공기는 이미 배경 좋은 합격자를 내정한 면접장처럼 모든 결론이 사전에 결정돼 있었다.

나는 웃었다. 자칫 진상으로 찍혀서 조카에게 불필요한 악영향을 남기고 싶지 않았다.

"네, 감사합니다. 꼭 기회 주세요." 그리고 돌아섰다.

교무실 문을 나서는 순간, 햇빛이 쏟아졌다. 아이들이 교정을 뛰어다녔고, 내 시계는 오후 3시 40분을 가리키고 있었다.

그날 이후 나는 문득 생각한다. 나도 누군가의 말에 이렇게 귀를 닫은 적이 있었던가? 고정관념, 직업, 껍질. 그 단어들이 하나의 벽이 되어 누군가의 가능성을 가로막은 적은 없었을까?

그리고 동시에 떠올랐다. 그 수많은 학교들, 나를 초대해주었던 선생님들. 처음엔 낯설었지만, 내 이야기를 들어주었고, 아이들과의 연결을 만들어주었던 진짜 교육자들. 그들에게 더 고마워졌다. 그들의 한마디 한마디가 얼마나 큰 용기였는지를 이제야 조금 더 알게 되었다.

그리고 나는 안다. 누군가는 또 다른 교무실에서 나를 환영해줄 것이란 걸. 왜냐면 아직도 세상에는 문을 여는 사람들이 있으니까.

그리고 나도 누군가에 문을 열어줄 사람이 되기로 마음먹었다.

윤형빈
— 어떤 사내, 스스로 링에 오르다

무대는 한 인간의 세계를 압축한다. 조명 아래서 웃음을 파는 자의 무대와, 글러브를 끼고 힘을 겨루는 자의 무대는 다르다. 한쪽이 잘 짜인 각본과 계산된 허구로 관객의 허파를 간질인다면, 다른 한쪽은 거친 숨소리와 땀방울이라는 날것의 언어로 말한다. 희극 배우의 무대가 웃음이라는 가면 뒤에 고독을 숨기는 공간이라면, 링이라는 무대는 인간의 육체가 낼 수 있는 가장 정직한 소리를 증폭시키는 곳이다. 윤형빈이라는 사내는 그 두 개의 무대를 겁 없이 오갔다.

그가 프로레슬링 단체 PWS의 링에 오르기로 했을 때, 많은 이들은 그것을 그저 이름난 자의 외유나 이벤트쯤으로 여겼을지도 모른다. 그러나 그는 달랐다. PWS라는 작지만 단단한 성채에 그는 구경꾼이 아니라 기꺼이 성벽을 함께 쌓는 동료로 들어왔다. 그의 합류는 그야말로 천군만마였다. 대중의 시선을 끄는 이름값 때문만은 아니었다. 그는 자신의 인맥을 동원해 척박한 땅에 물길을 내듯 기사를 실어 날랐고, 무엇보다 스스로를 가장 낮은 곳에 두었다.

PWS의 명운이 걸렸던 5월 10일 '레슬네이션' 대회를 앞둔 어느 리허설 날의 풍경은 그의 진심을 증명하는 한 폭의 그림과 같았다. 그는 약속된 시간보다 한참이나 먼저 도착해 텅 빈 관객석 한구석을 묵묵히 지켰다. 아직 자신의 차례가 오지 않았음에도, 그는 다른 선수들의 움직임 하나하나를 눈에 담으며 무대의 공기를 온몸으로 호흡하고 있었다. 마치 오케스트라의 지휘자가 공연 전 각 악기의 소리를 조율하듯, 그는 대회가 시작되고 끝날 때까지의 모든 흐름을 자신의 감각 속에 새겨 넣으려는 듯 보였다. 그의 순서가 끝나고 모두가 짐을 챙겨 떠난 뒤에도 그는 마지막까지 남아 그 공간을 지켰다. 그것은 쇼맨십이 아니었다. 장인의 작업실에서 풍기는 톱밥 냄새처럼, 그것은 한 분야에 대한 순수한 경의와 진지함의 냄새였.

그에게 프로레슬링이 '약속된 대결' 속에서 합을 맞추는 법을 배우는 과정이었다면, 로드 FC의 케이지는 예측 불가능한 '날것의 진실'과 마주하는 장소였다. 그 진실과 정면으로 마주하기 위해 그는 먼저 자신의 몸을 재료 삼아 깎아내는 혹독한 과정을 거쳤다. 10kg이 넘는 체중을 덜어내는 감량은 단순히 저울의 숫자를 줄이는 행위가 아니었다. 그것은 지난 세월 동안 몸에 익은 편안하고 익숙한 자신을 벗어던지고, 케이지 위에 오를 자격을 제 손으로 획득하는 고통스러운 의식과도 같았다. 뼈를 깎는다는 상투적인 표현은 이럴 때 쓰는 것일 테다.

그렇게 제 몸의 일부를 떼어낸 뒤에야, 그는 코미디언이라는 페르소나마저 벗어던질 수 있었다. 땀과 피로 얼룩진 글러브를 끼는 것은 스스로를 가장 연약하고 무방비한 상태로 내던지는 행위이며, 세상이 자신에게 덧씌운 이미지를 제 손으로 찢어버리는 용기다. 다시 케이지에 올랐을 때, 그의 눈빛은 여전히 살아 있었다.

상대를 초반에 쓰러뜨린 KO승은 그저 운 좋은 한 방이 아니었다. 그것은 PWS 리허설 현장에서 말없이 자리를 지키던 그의 모습에서 볼 수 있었던 성실함과, 남들이 보지 않는 곳에서 흘렸을 땀과, 수분마저 말려버린 극심한 감량의 고통, 그 모든 투지의 총합이 터져 나온 순간이었다. 한 편의 긴 서사에 찍히는 명징한 마침표와도 같았다. 관객의 환호는 단순히 승패에 대한 반응이 아니었다. 안전한 길을 버리고 기꺼이 자신을 시험대 위에 올린 한 사내의 여정에 보내는 갈채이자 존경의 표현이었을 것이다.

나이가 들어간다는 것은, 삶이 내미는 질문에 대한 답을 하나씩 찾아가는 과정이기도 하지만, 본받고 싶은 사람의 목록을 가슴속에 하나씩 늘려가는 일이기도 하다. 어린 날의 롤 모델이 대개 위인전 속에 박제된 영웅이나 범접할 수 없는 재능을 가진 천재였다면, 시간이 흐를수록 마음을 끄는 것은 다른 종류의 사람들이다. 주어진 길을 묵묵히 걷는 성실함, 자신만의 방식으로 세계를 넓혀가는 용기, 그리고 무엇보다 자신의 선택에 책임을 지려는 태도를 지닌 이들.

윤형빈이라는 이름은 이제 내 롤 모델의 목록에 추가되었다. 나는 그처럼 격투기 선수가 될 수도 없고, 될 생각도 없다. 하지만 삶이라는 저마다의 링 위에서 도망치고 싶거나 안주하고 싶은 순간이 찾아올 때마다 그의 모습을 떠올리게 될 것이다. 텅 빈 리허설 현장을 말없이 지키던 그의 뒷모습을, 제 몸을 깎아내며 케이지에 오를 자격을 스스로 증명하던 그의 결기를, 그리고 마침내 그 모든 과정을 응축시켜 터뜨려낸 환희의 순간을 말이다. 그는 자신의 육체로 보여주었다. 한 인간의 무대는 타인이 정해주는 것이 아니라, 스스로 걸어 들어갈 때 비로소 완성된다는 것을.

고민수
— 바디샷과 불고기 버거

박스원 고민수 관장과 땀으로 흥건한 몸을 이끌고 체육관 건물 1층의 롯데리아로 들어섰다. 훅하고 밀려오는 에어컨의 찬 공기가 끈적한 피부에 달라붙는 감각은 운동을 끝낸 자만이 누릴 수 있는 지상의 낙원이었다. 우리는 자리를 잡기보다 먼저 포스기 앞으로 향했다. 그 앞에는 이미 초로의 신사 한 분이 서 계셨다. 화면 위를 부유하는 그의 손가락은 목적지를 찾지 못한 채 연신 허공을 맴돌았다. 우리를 발견한 그는 멋쩍게 웃으며 자리를 비켜주었다. "먼저 하세요." 그 말 속에는 미안함과 체념이 섞여 있었다.

우리는 패트가 두 장 들어간 더블엑스 세트 두 개를 시키고 플라스틱 의자에 몸을 실었다. 등 뒤의 창문 너머로 이제 막 시작한 여름 낮의 맹렬함이 쏟아져 내리고 있었다. 시간이 열기를 못 이기는 순간, 세상의 속도가 한 단계쯤 느려지는 듯한 체념을 통한 평온. 나는 그 안락함 속에서 갓 끝낸 운동의 잔상을 곱씹고 있었다. 고 관장이 샌드백을 가리키며 외치던 소리, 공기를 가르던 글러브의 마찰음, 가쁜 숨을 몰아쉴 때마다 심장에서 터져 나오던 북소리 같은 고동. 그 모든 격렬함이 이제는 먼 곳의 일처럼 아득했다.

  얼마나 지났을까. 고 관장이 문득 나를 보며 말했다. "아무래도 저 어르신, 계속 헤매시는 것 같은데 제가 잠시 다녀오겠습니다." 그의 시선은 우리가 들어올 때 마주쳤던 그 신사를 향해 있었다. 그는 여전히 주문 기계 앞에서 서성이고 있었다. 우리가 자리를 양보받고, 주문을 마치고, 음식을 받아 자리에 앉아 이야기를 나누는 그 긴 시간 동안, 그는 꼼짝없이 그 문명의 이기(利器) 앞에서 고립되어 있었던 것이다.

  고 관장은 성큼성큼 그에게로 다가갔다. 그 걸음에는 어떤 망설임도 과시도 없었다. 마치 링 위에서 상대의 빈틈을 향해 내딛는 스텝처럼, 군더더기 없고 정확했다. "어르신, 좀 도와드릴까요?" 나직하지만 분명한 목소리. 신사는 기다렸다는 듯 구원받은 표정을 지었다. 몇 마디 대화가 오가고, 이내 주문이 끝났다. 자기 자리로 돌아가며 우리를 향해 정중하게 고개를 숙이는 신사의 모습은 한 끼의 식사가 그에게 얼마나 간절했는지를 말해주고 있었다.

  누군가에게는 그저 불고기버거 세트일 뿐이다. 하지만 그에게는 어쩌면 그 하루의 전부였을지도 모른다. 허기와 막막함으로 점철된 오후의 시작점에서 마주하고 싶었던 작은 위안. 한 끼의 식사는 때로 우주 하나만큼의 무게를 지닌다. 몸과 마음에 여유가 넘칠 때 선의를 베푸는 것은 어렵지 않다. 그때 우리는 누구나 잠시 부처나 예수가 될 수 있다. 그러나 이미 하루의 절반을 땀으로 채운 뒤, 고된 노동의 정점에서 맞이하는 꿀 같은 휴식의 순간에 타인의 곤경 속으로 기꺼이 걸어 들어가는 행위는 다른 차원의 이야기다. 그것은 단순한 인성(人性)을 넘어선 지성(知性)의 영역이다.

　타인을 헤아리는 능력은 타고난 성품이라기보다 후천적으로 연마된 지성의 발현에 가깝다. 상대의 표정, 망설이는 손짓, 어색한 침묵 속에서 그의 내면을 읽어내는 것. 그의 곤란함이 단지 기계 조작의 미숙함에 그치지 않고, 어쩌면 존엄의 문제와 연결될 수 있음을 간파하는 것. 이는 고도의 공감 능력과 상황 판단력을 요구하는 지적 활동이다. 풍부하게 발달한 대뇌의 어느 한 부분이 타인의 우주를 상상하고 그 무게를 감당하게 하는 것이다.

　문득 얼마 전 그에게서 왼손 보디 샷에 관해 특훈을 받던 날이 떠올랐다. 나는 번번이 팔 힘에 의지해 주먹을 뻗었고, 샌드백은 그저 둔탁하게 흔들릴 뿐이었다. 그때 고 관장이 내 골반을 잡아주며 말했다. "팔로 치는 게 아닙니다. 몸통을 돌리세요. 회전축이 살아 있어야 힘이 실립니다."

 그는 말로만 설명하지 않았다. 내 몸을 직접 움직여주며 회전의 감각을 새겨 넣었다. 골반이 돌고, 허리가 따라 돌고, 그 회전력이 어깨를 거쳐 주먹 끝에 응축되는 순간, '퍽'하는 소리와 함께 샌드백이 마치 찢어질 듯이 깊게 파였다. 내 주먹이 만들어낸 것이라고는 믿기지 않는 파괴력이었다.

 그는 상대의 몸을 이해하고 있었고, 더 나아가 나의 몸이 무엇을 이해하지 못하는지를 정확히 알고 있었다. 문제의 핵심을 꿰뚫고 가장 효과적인 해결책을 제시하는 능력. 그것이 그의 '눈높이 교육'의 본질이었다. 롯데리아의 포스기 앞에서 서성이던 노신사의 마음을 읽어낸 것과, 샌드백 앞에서 헛힘만 쓰던 나의 문제점을 간파한 것은 결국 같은 뿌리에서 뻗어 나온 가지였다. 둘 다 대상을 깊이 있게 관찰하고, 그 본질을 꿰뚫어 보는 지성의 산물이다.

 복싱은 상대와의 거리, 타이밍, 호흡을 읽는 싸움이다. 링 위에서 벌어지는 수 싸움은 고도의 지적 유희에 가깝다. 상대의 눈빛과 미세한 근육의 떨림에서 다음 수를 예측하고, 찰나의 순간에 최적의 판단을 내려야 한다. 수천수만 번의 스파링을 통해 그는 인간의 움직임뿐 아니라 그 안에 담긴 의도와 감정까지 읽어내는 훈련을 해왔을 것이다. 그에게 링은 비단 사각의 밧줄로 둘러싸인 공간만이 아니었다. 세상 전체가 그의 링이었고, 모든 관계가 그에게는 거리와 호흡을 조절해야 할 대상이었으리라.

　나는 이런 사람에게서 복싱을 배웠다. 그의 도움으로 자리를 찾은 노신사가 햄버거를 한 입 베어 무는 모습을 보며, 나는 비로소 깨달았다. 그가 나에게 가르쳐준 것은 단순히 샌드백을 강하게 치는 기술만이 아니었다.

　그것은 타인의 빈틈을 파고드는 법인 동시에 타인의 빈자리를 채워주는 법이기도 했다. 나의 바디 샷은 이제 더 이상 헛돌지 않을 것이다. 그 주먹에 담긴 회전의 힘이 어디에서 비롯되었는지 그 지성의 무게를 알게 되었으니 말이다.

이호선
— 마음의 불을 옮기는 사람

세상에는 스스로 빛을 내는 사람과 그 빛을 받아 반사하는 사람이 있다. 그리고 아주 드물게, 타인의 축축하게 젖은 심지에 기어이 불을 옮겨 붙이고야 마는 사람이 있다. 내게 이호선 교수는 언제나 세 번째 유형의 인간으로 기억된다. 그를 생각하면 신화 속 프로메테우스가 떠오른다. 신들의 영역에 있던 불을 훔쳐 어둠과 추위에 떨던 인간에게 건네주어 문명의 새벽을 연 거인. 그가 인간에게 건넨 것은 단순한 온기가 아니라, 스스로 도구를 만들고 어둠을 밝힐 수 있다는 가능성, 즉 '능동성'의 불씨였다. 이 교수가 내게 건넨 것 역시 그와 같은 종류의 것이었다.

그와의 첫 만남은 10년도 더 전, 목동의 한 라디오 방송국 스튜디오에서였다. 백야처럼 길고 나른한 오후의 한가운데 시작된 방송은, 세상의 모든 빛과 소음이 스튜디오의 두꺼운 유리창에 막혀 희미한 풍경으로만 남는 그런 곳에서 진행되었다. 방송이 하루의 무게를 이고 서서히 저녁의 초입으로 접어들 무렵, 나는 종종 그의 시선이 허공을 향하는 것을 보았다. 그의 시선이 머무는 곳은 유리창 너머, 빽빽한 아파트 단지 사이에 섬처럼 떠 있는 놀이터였다. 그곳에 쏟아지는 오후의 햇살을 그는 물끄러미 바라보곤 했다. 마치 온몸으로 태양전지판을 펼쳐 그 빛을 남김없이 빨아들이는 것처럼. 그렇게 한동안 에너지를 충전하고 나면, 그는 이내 고개를 돌려 마이크 앞에 앉아 누구도 생각지 못한 혜안 가득한 의견을 쏟아냈다. 나는 그 에너지가 그의 힘에 깔린 원천일지도 모른다고, 막연히 생각했다. 당시 그는 이미 〈아침마당〉이나 〈동치미〉 같은 여러 방송 프로그램을 종횡무진하며 대중과 가장 가까운 곳에서 소통하는 상담심리학의 권위자였다.

  그의 말은 값싼 위로를 경계했다. 그는 문제의 본질을 꿰뚫는 혜안으로 복잡하게 얽힌 실타래의 처음과 끝을 명확히 보여주었다. 그의 심리 분석은 차가운 메스가 아니라, 뭉친 근육을 정확히 찾아 풀어내는 숙련된 마사지사의 손길에 가까웠다. 놀라웠던 것은 조명이 꺼진 뒤의 이호선이었다. 방송의 열기가 식고 모두가 파김치가 되어 흩어질 무렵이면, 그는 남아서 스태프들의 이야기를 들어주곤 했다. 막내 작가의 해묵은 연애 고민부터 중견 PD의 고질적인 인간관계 문제까지 그의 상담소는 때와 장소를 가리지 않고 문을 열었다. 지식인의 권위나 방송인의 화려함 대신, 그는 기꺼이 근처에 사는 '동네 사람'이 되어주었다. 이호선의 주변에는 항상 사람들이 모여들었고, 그는 그 무게를 힘겨워하는 기색 없이 너끈히 감당해냈다. 어쩌면 타인의 삶의 무게를 함께 짊어지는 것이 그의 타고난 소명이었을 것이다.

 그 후로 한동안 우리는 각자의 궤도 위에서 바쁘게 살았다. 시간은 내게 그리 너그럽지 않았다. 왼쪽 무릎의 인대는 의사가 '0.1mm도 남아 있지 않다'라고 선고한 상태였다. 진통제에 의지하지 않으면 한 걸음 한 걸음이 고문이었고, 계단은 에베레스트처럼 느껴졌다. 거동조차 불편한 지경에 이르자 육체의 통증은 영혼을 갉아먹었고, 좁아진 반경만큼이나 마음의 세계도 폐허가 되어가고 있었다. 야심 차게 시작했던 프로젝트는 동력을 잃은 돛단배처럼 지지부진하게 표류했다. 몸과 마음이 동시에 내려앉는 듯한 무력감 속에서 나는 천천히 침잠하고 있었다.

 그러던 어느 날, TV 채널을 돌리다 우연히 그를 보았다. 여전히 명쾌한 목소리로 누군가의 헝클어진 마음에 길을 내어주고 있는 모습. 그 순간 나는 거의 본능적으로 생각했다. '저 사람이다. 저 사람을 만나야 한다.' 지푸라기라도 잡는 심정으로, 나는 수년 만에 그에게 연락했다.

우리는 도넛 전문점 2층의 소란스러운 창가에 마주 앉았다. 먼저 연락한 것은 나였지만, 대화의 주도권은 순식간에 그에게 넘어갔다. 형식적인 안부 인사는 1분 만에 끝났다. 그는 마치 숙련된 의사가 환자의 병색을 살피듯 단박에 나의 침체를 간파했다. 그리고는 주저 없이 '미션'을 던지기 시작했다.

"새 책을 써. 지금 구상하고 있는 거 말고, 완전히 새로운 거. 당장 시작해."

"강연 프로그램을 새로 만들어야지. 지금의 자기 자신을 그대로 보여줄 수 있는 걸로. 내가 도울게."

그의 말은 단순한 제안이나 권유가 아니었다. 그것은 명령에 가까운, 거부할 수 없는 에너지의 파동이었다. 마치 할머니가 손주 녀석의 숟가락 위에 잘 발라낸 백숙 살점을 뚝 떼어 올려주듯, 그는 자신의 활기와 확신을 내게 떼어주고 있었다. 어디서 저런 지치지 않는 힘이 솟아나는 걸까. 브래드 피트를 꼭 닮았다는 배우자와의 안정적인 삶에서 오는 이 교수의 여유—미남과 함께 사는 여자는 대개 매우 행복하다—일까 잠시 생각했지만 시답잖은 농담을 속으로 삼켰다. 그것도 모자라 그는 그 자리에서 휴대폰을 꺼내 들고는 "이 사람하고 당장 연결해줄게", "저 사람한테는 내가 미리 말해둘게"라며 새로운 인연의 다리를 순식간에 놓기 시작했다. 나는 잠시 어안이 벙벙했다. 꺼져가던 화롯불에 누군가 마른 장작 한 아름을 던져 넣고 힘껏 풍구를 돌리는 기분이었다. 정신을 차릴 수 없을 만큼 압도적인데, 이상하게도 그 소용돌이가 싫지 않았다. 오히려 그 에너지가 내 안의 녹슨 태엽을 억지로 감기 시작하는 것이 느껴졌다.

놀라운 일은 그 후에 일어났다. 그의 '미션'을 이정표 삼아 새로운 책의 기획안을 쓰고, 흩어져 있던 생각의 조각들을 그러모아 원고를 채워나가자, 내면의 고통이 문장이 되어 밖으로 흘러나오기 시작했다. 그러자 기이하게도 나를 옭아매던 왼쪽 무릎의 통증이 점차 옅어지기 시작했다. 물론 체중을 감량하고 웨이트 트레이닝을 병행한 덕이 클 것이다. 하지만 나는 안다. 쇠약한 몸을 일으켜 헬스장으로 향하게 한 힘, 무거운 바벨을 다시 들어 올리게 한 의지는 결국 마음의 부담이 가벼워진 데서 왔다는 것을. 육체와 정신이 하나의 끈으로 연결되어 있다면, 그는 내게 끊어지기 직전의 그 끈을 다시 엮어준 셈이다.

그리스 신화의 아폴론은 이성과 빛, 예언과 의술, 그리고 음악의 신이다. 그는 다재다능함으로 문명의 길을 밝히고, 병든 자를 치유하며, 리라를 연주해 황량한 마음에 조화와 질서를 선물한다. 어쩌면 이 시대의 좋은 상담가란 그런 존재가 아닐까. 혼돈에 빠진 이에게 질서를, 절망한 이에게 나아갈 길을, 상처 입은 이에게 치유의 가능성을 제시하는 사람. 이호선 교수는 내게 그런 아폴론적 존재로 다가왔다. 그는 자신의 에너지를 나누어주는 행위를 통해 스스로 더 큰 에너지를 얻는 사람처럼 보였다.

  한 인간이 다른 인간에게 온전히 자신의 긍정적 기운을 불어넣는 순간, 그 순간이야말로 가장 비범하고 경이로운 기적일 것이다. 그가 내민 불씨를 소중히 받아들고, 이제 나 또한 누군가의 어둠을 밝힐 작은 등불 하나를 든 셈이다. 이 자리를 빌려 나의 프로메테우스에게, 나의 아폴론에게 깊은 감사를 전한다. 그는 나의 롤 모델이다.

홍혜걸
— 석양의 책임감, 한 이단아에 대한 단상

나는 그를 두 번 만났다. 꽤 오랜 시간의 간극을 두고 딱 두 번. 하지만 그의 삶의 궤적은 페이스북이라는 디지털 창을 통해 꾸준히 목견해왔다. 그는 멘토였고 사업가였으며 때로는 거친 파도 한가운데 스스로 뛰어드는 투사와도 같았다. 그런 그에게서 나는 종종 링 위에서 마주했던 노련한 프로레슬러의 그림자를 발견하곤 했다. 화려한 몸놀림 대신 묵직한 중심 이동으로 상대의 힘을 흘려보내고 정련된 바디슬램 딱 한 번으로 반전을 노리는 그런 레슬러 말이다. '링 밖으로 왜 몸을 날려? 정중앙에서 끝내버리면 되잖아'라면서 말이다.

첫 만남은 온라인 공간의 작은 댓글 하나에서 시작되었다. 그가 코로나 관련 외신 보도를 인용해 올린 글에 나는 조심스레 이견을 달았다. 프로레슬러가 의학박사에게 던진 의학적이의제기. 매우 무모하고 어찌 보면 가소로운 일이다. 하지만 그의 반응은 내 예상을 완전히 빗나갔다. 그는 지체 없이 사실관계를 다시 확인했고 자신의 오류를 인정하며 정중한 감사를 표했다. 편견 없이 지적을 수용하는 그의 태도에서 나는 지식인의 진짜 근육을 보았다. 그것은 유연함이었다. 단단하지만 결코 뻣뻣하지 않은 그런 종류의 근육.

시간이 흘러 우연한 기회에 그의 스튜디오에서 마주쳤을 때 그는 나를 기억했다. 우리는 함께 백반 한 그릇을 비웠다. 그는 다시 한번 고마움을 이야기했다. 나를 포함해 누구나 실수와 오류로부터 자유롭지 못하다. 하지만 그 실수를 인정하고 반성하는 일은 결코 쉽지 않다. 특히 나이가 들고 사회적 지위라는 외투 겹겹이 두를수록 더욱 그렇다. 외투가 아니라 철제 갑옷이 되고 방탄조끼가 된다. 그의 스스럼없는 인정은 그래서 더 깊은 인상을 남겼다. 그것은 마치 잘 훈련된 무도가가 자신의 급소를 드러내 보이는 자신감과도 같았다.

그가 페이스북에 타이타닉호에 관한 일화를 올렸다. 그는 사회 지도층의 책임을 말하며 구체적인 이름들을 호명했다. 여성과 아이 먼저 구명보트에 태운다는 원칙, 당대 최고 부자였던 존 제이콥 애스터 4세는 임신한 아내를 보트에 태운 뒤 자신은 탑승하지 않았다. 광산 재벌이었던 벤자민 구겐하임은 "최고의 정장을 입고 신사답게 가라앉겠다"라는 말을 남겼다. 메이시스 백화점의 소유주였던 이시도르 스트라우스는 나이가 많다는 이유로 구명보트 탑승을 권유받았지만 다른 남자들이 남아 있는데 나만 갈 수 없다며 거절했다. 그의 아내 아이다 스트라우스 역시 남편과 함께하겠다며 보트에서 내렸다. "우리는 함께 살아왔으니 함께 갈 거예요." 부부는 마지막 순간 갑판 의자에 앉아 서로의 손을 잡고 있었다고 전해진다. 홍혜걸은 이들의 이름을 빌려 자신이 생각하는 보수의 가치, 즉 책임을 이야기했다. 그것은 낡은 권위나 맹목적 신념이 아니라 자신이 가진 것을 기반으로 더 큰 책임을 감당하는 노블레스 오블리주였다.

그는 대한민국 최초의 의학전문기자라는 길을 스스로 열어젖힌 이단아였다. 의사라는 보장된 길을 걷는 대신 펜이라는 메스를 들고 사회의 환부를 들여다봤다. 그 선택의 무게를 나는 어렴풋이 짐작한다. 안정된 길을 벗어나 황무지에 첫발을 내딛는 자의 두려움과 설렘. 그 용기는 세상의 비난과 맞서는 것과는 또 다른 차원의 것이다. 그는 그 길 위에서 거대한 시련과 마주했다.

황우석 사태는 전문가로서의 신뢰와 언론인으로서의 자부심을 송두리째 흔들었을 것이다. 세상의 손가락질을 온몸으로 견뎌내야 하는 고독한 시간 속에서 그는 깊은 반성을 했다고 고백했다. 한 인간이 거대한 실패의 폐허 속에서 무엇을 배우고 어떻게 다시 일어서는가를 지켜보는 것은 그 자체로 서사다. 그는 그 실패를 통해 제도의 비정함과 개인의 책임이라는 화두를 온몸으로 통과했을 것이다. 그가 이후 〈비 온 뒤〉라는 유튜브 채널을 만들고 때로는 페이스북으로 자신의 목소리를 내는 것은 어쩌면 그 통렬한 반성의 결과물일지 모른다. 박사나 의사라는 외부에서 부여된 권위가 아닌 자신의 판단과 데이터를 믿겠다는 고독한 결의.

몇 년 뒤 제주에서 다시 그를 만났다. 협재의 바람은 태양으로 버무려진, 짭조름한 온기를 품고 있었다. 그는 작고 귀여운 반려견을 태운 자전거를 타고 약속 장소에 나타났다. 우리는 갈치조림으로 늦은 점심을 먹고 바다가 보이는 찻집으로 자리를 옮겼다. 그의 대화는 여전히 부드럽고 정중했지만, 그 속에는 풍파를 겪어낸 자만이 가질 수 있는 어떤 평온함이 깃들어 있었다. 그의 언어에는 온기가 있었고 눈빛에는 삶에 대한 긍정이 서려 있었다. 꽤 큰 사업체를 운영하면서도 아내가 속눈썹으로 얼굴을 간지럽혔다는 곰살맞은 일상을 포스팅하는 남자. 그는 치열함과 유머 사이에서 자신만의 균형점을 찾아낸 듯 보였다.

나는 조급함 대신 관조를 본다. 그는 오류를 인정할 줄 알고 사회에 대한 기부를 멈추지 않으며 무엇보다 자신의 삶을 책임지려 한다. 나이듦이 쇠락이 아니라 완성에 가까워지는 과정일 수 있음을 그는 보여준다. 격렬했던 투쟁의 시간을 지나 이제는 저녁놀처럼 부드럽지만 선명한 빛으로 세상을 물들이는 삶. 권위를 내려놓는 법을 배우되 자신의 원칙과 책임은 더욱 굳건히 지키는 단단한 보수의 모습.

언젠가 나 역시 저렇게 시간의 흐름을 받아들이고 싶다. 링 위에서의 환호도, 해설위원석의 조명도 잦아든 자리에서 한 인간으로서의 품격과 책임을 다하는 것. 그것은 삶의 피날레가 아니라 가장 원숙한 경지에 이른 자의 새로운 시작일지도 모른다.

그의 자전거가 작고 하얀 반려견 겨울이를 태우고 제주의 해안 도로를 따라 나아가던 그 풍경이 오래도록 잊히지 않는다. 그것은 책임감이라는 단어를 이미지로 형상화했을 때 만들어질 수 있는 가장 따뜻하고 평화로운 모습이자 여전히 자신의 항해를 멈추지 않는 한 남자의 믿음직한 뒷모습이었다.

전충훈
— 전장의 지휘자, 도시의 공정통제사

전충훈이라는 이름 석 자. 12년 전 페이스북 메신저 창에 뜬 낯선 강연 요청이 그 시작이었다. 처음엔 한낮의 허황된 꿈처럼 아득했다. 프로필 사진 속 험악한 인상과 다짜고짜 본론으로 훅 들어오는 투박한 문장을 보고, 누군가를 사칭했거나 혹은 누군가의 짓궂은 농담이라 여겼던 기억이 선연하다. 그러나 대구에서 마주한 그는 그 모든 의심을 단숨에 지워버리는 실재하는 존재였다. 그의 눈빛과 목소리에는 마치 잘 만들어진 양문형 냉장고의 외관처럼 단단하고 서늘한 신념이 배어 있었다. 그 만남은 기묘하리만치 선명한 인연의 시작이었고, 대뇌 피질까지 테스토스테론이 가득 찬 듯한 이 사내에 대한 호기심은 친구의 연을 맺은 이후로도 단 한 번도 사라진 적이 없다.

그의 사회적 여정은 음악에서 시작되었다. 락밴드 스튜디오를 운영하며 그 좁은 합주실 안에서 세상을 바꾸겠다는 뜨거운 열망을 악기처럼 조율했다. 시작은 거창하지 않았다. 지하철 역사와 지역 축제의 작은 무대에서부터 한 걸음씩 발을 떼었고, 이내 스스로 축제를 기획하고 판을 짜는 경지에 이르렀다. 음악이 세상을 바꿀 수 있다는 순수한 믿음, 그것이 그가 세상과 나눈 첫 번째 공명이었다. 혼돈을 다룬 소설 속 인물들이 영혼의 가장 깊은 곳에서 울려 퍼지는 무엇인가를 찾아 헤매듯, 그는 자신의 내면에서 울리는 강렬한 비트를 통해 세상과 소통하려 했다.

그러나 그의 공명은 공연장의 울림에만 머물지 않았다. 그의 시선은 도시의 잊힌 구석, 시간의 두께가 쌓인 낡은 거리로 향하기 시작했다. 오래된 것에 대한 그의 페티시즘에 가까운 애정을 간파한 친구의 꼬드김이 발단이었다. 대구의 심장인 동성로야 원래부터 타오르는 불꽃이었고, 남성로와 서성로는 '근대골목투어'라는 이름으로 말끔하게 단장해 새로운 순례지가 된 터였다. 친구는 지도 위에 동서남북을 그려 보이며, 이제 마지막 남은 미개척지, 북성로로 진격해야 한다고 그를 부추겼다. 그 꼬임에 전충훈은 맥없이 넘어갔다.

지금의 중구 북성로에서 수창동으로 가는 길은 1909년 대한제국 마지막 황제 순종이 걸었던 '어행정(御幸町)'의 쓸쓸한 기억을 품고 있었다. 한때 왕의 행차가 머물렀던 길의 이름은 이제 빛바랜 표지판 위에만 남아 있었다. 동인동의 진 골목은 구한말 달성 서씨들이 모여 살던 부촌으로, 당시로서는 대구의 '타워팰리스'라 불릴 만한 위용을 자랑하던 곳이었다. 그는 그 잊힌 역사의 흔적 위를 걸으며, 녹슨 공구상들 사이로 스며드는 바람 속에서 지나간 시대의 영광과 쇠락을 동시에 보았다.

이 낡고 소외된 거리를 되살리려는 고민은, 그의 활동 반경을 '사회적 기업'이라는 새로운 무대로 이끄는 자연스러운 서곡이었다. 내재화된 지식을 바탕으로 한 그의 멘토링을 통해 수많은 기업들이 세상의 빛을 보게 되었고, 그들의 성장은 단순한 경제적 이익을 넘어 사회적 가치를 창출하는 의미 있는 발걸음이 되었다. 그는 씨앗을 심고 물을 주어 숲을 일구는 농부처럼 수많은 아이디어와 열정적인 사람들을 세상에 내보냈다. 각각의 기업은 그의 땀과 열정이 스며든 한 그루의 나무가 되어 사회라는 거대한 숲을 이루는 데 기여했다. 그는 단순히 사업을 돕는 것이 아니라, 사람들의 잠재력을 일깨우고 그들이 스스로 빛을 발하도록 돕는 진정한 조력자였다. 두 번째 공명은 그렇게 첫 번째보다 훨씬 넓은 반경으로 퍼져나갔다.

활동 반경은 한반도에만 머무르지 않았다. 일본, 대만, 미국, 중국, 북유럽, 중앙아시아. 지구촌 곳곳을 누비며 그는 지역과 마을이 지닌 고유의 색깔이 무엇인지, 그 본질을 찾아 헤

맸다. 때로는 그의 지나치게 넓은 동선 때문에 국정원 블랙요원 아니냐는 농담 섞인 분석에 직면하기도 했지만, 그런 웃음 속에는 그의 지칠 줄 모르는 열정과 호기심에 대한 경외가 담겨 있었다. 그는 단순히 공간을 이동하는 것이 아니라, 그곳의 사람들과 문화를 만나고, 그들의 삶 속에 스며들어 새로운 가능성을 발견하고자 했다. 그는 모든 지역이 고유의 영혼을 지니고 있음을 믿었으며, 그 영혼을 이해하고 세상에 드러내는 것이 자신의 임무라고 생각하는 듯했다. 때로는 '직진 5박 6일'이라는 내비게이션 안내를 따라간 중앙아시아의 사막 언저리에서 새로운 영감을 발견하기도 하고, 때로는 세상에 대한 한탄과 희망이 교차하는 일본 후쿠오카의 어느 선술집 안에서 난이도 높은 문제에 부딪히기도 했지만, 그의 탐험 정신은 결코 꺾이지 않았다. 오히려 그는 그 모든 여정을 통해 더욱 단단해지고 깊어지는 내면의 힘을 길러냈다.

최근 그는 정부 기관과 민간 사이에서 '통역사' 역할을 자처하며 더욱 굵직한 프로젝트들을 만들어내고 있다. 서로 다른 언어와 논리를 가진 주체들 사이에서 소통의 다리를 놓는 그의 역할에 대한 가장 적절한 비유는 아마도 '공정통제사(CCT, Combat Control Team)'일 것이다. 공정통제사는 공군 특수부대의 최정예 요원으로, 전장의 가장 위험한 곳에 가장 먼저 침투하여 아군의 항공기가 안전하게 착륙하고 병력과 물자를 보급할 지점을 확보하는 임무를 수행한다. "First There, Last Out(가장 먼저 들어가 가장 늦게 나온다)"이라는 그들의 구호처럼, 특수부대 안의 특수부대라 불리는 이들은 가장 먼저 현장에 도착하고 가장 늦게 떠난다. 항공관제, 고공 강하, 스쿠버, 폭파, 생환 등 인간의 한계를 시험하는 혹독한 훈련을 거쳐 그들은 어떠한 극한 상황에서도 임무를 완수하는 능력을 갖춘다.

전충훈은 바로 이 시대의, 우리 도시의 '공정통제사'와 같은 존재다. 그는 늘 가장 먼저 문제의 현장에 뛰어든다. 지역 축제가 침체되었을 때, 사회적 기업이 길을 잃었을 때, 혹은 서로 다른 주체들이 소통의 벽에 부딪혔을 때, 그는 망설임 없이 그 혼돈의 중심에 선다. 그리고 그곳에서 복잡하게 얽힌 이해관계와 불확실성 속에서 명확한 방향을 제시하고, 각자의 역할이 조화롭게 작동하도록 유도한다. 그는 단순히 지시하는 것이 아니라, 직접 발로 뛰며 현장의 작은 목소리까지 경청하고, 보이지 않는 위험 요소를 미리 파악하여 제거한다. 그의 손길이 닿는 곳마다 혼란은 질서로, 불가능은 가능성으로 변모한다. 그는 '공정통제사'가 수많은 훈련을 통해 얻은 다재다능함처럼, 문화 기획, 사회적 기업 육성, 지역 활성화, 국제 협력 등 다양한 분야를 넘나들며 고군분투한다. 그의 지식과 경험은 여러 개의 레이더처럼 동시에 작동하며, 복잡한 상황

속에서도 최적의 경로를 찾아낸다. 그리고 그 모든 과정에서 그는 늘 가장 먼저 현장에 도착하고, 모든 일이 마무리될 때까지 가장 늦게까지 남아 그 자리를 지킨다.

그의 이러한 헌신과 책임감은 단순한 직업의식을 넘어, 세상을 더 나은 곳으로 만들고자 하는 깊은 소명 의식에서 비롯된 것임이 분명하다. 그 지칠 줄 모르는 호기심과 열정의 근원은 어쩌면 이 세상의 모든 혼돈 속에서 아름다운 질서를 찾아내고, 그 질서 속에서 모두가 함께 성장하는 미래를 꿈꾸는 한 인간의 위대한 집념이 아닐까.

언젠가 그에게 물었다. 왜 그렇게 힘든 일을 사서 하느냐고. 그는 심드렁한 표정으로, 그러나 눈을 반짝이며 답했다.

"재미있는 마을이 많으면 많을수록 좋잖아."

그의 발걸음이 닿는 곳마다 새로운 길이 열리고, 그가 던지는 질문마다 새로운 가능성이 피어나는 것을 보며, 나는 그의 여정이 앞으로도 계속될 것임을 믿어 의심치 않는다. 그가 다음에 들려줄 이야기는 과연 어느 마을의 어떤 풍경일지 벌써부터 가슴이 뛴다.

문신과 뚝배기

대전 태평소국밥의 국물은 언제나처럼 진하고 구수했다. 회인면에서 열리는 '휠러스 페스티벌'로 향하는 길. 여정 중간에 맛집과 볼거리를 끼워 넣는 건 내 인생의 몇 안 되는 확실한 즐거움이다. 찰진 수육과 뜨끈한 국물이 식도를 타고 넘어가며 여행의 피로를 밀어내는 그 순간, 나는 거의 완벽한 행복을 느꼈다. 테이블 간격이 채 10cm도 되지 않았다는 점만 빼면 말이다.

옆자리의 남자는 20대 후반에서 30대 초반쯤으로 보였다. 170cm 남짓한 키에 스킨헤드, 팔과 목덜미에는 빈틈을 찾기 어려운 문신이 자리 잡고 있었다. 맞은편의 여성은 그보다 조금 어려 보였다. 듣기 싫었지만, 그들의 대화는 좁은 공간의 공기를 타고 내 귓속으로 정직하게 배달되었다. '팀장', '배당', '기술' 같은 단어들이 오갔다.

순간 젓가락이 멈칫했다. 과거 어쩌다 이른바 '하우스'라 불리는 곳 앞에서 잠시 문지기 일을 했던 경험이 멋대로 소환됐다. 어두운 세계의 일은 그 특유의 분위기와 용어가 있다. 나는 섣불리 결론을 내렸다. 저 문신과 단어들의 조합은 영락없이 그쪽이다. 아마도 불법 채권추심이나 불법 스포츠 토토 같은 것이 아닐까. 여자는 남자가 팀장 밑에서 착취당하고 있다며 독립을 재촉했고, 남자는 아직 때가 아니라고 했다. 뻔한 이야기. 나는 속으로 '말세로군'이라고 읊조리며 밥맛을 잃었다. 결국 소주 한 병을 시켰다.

  술이 몇 순배 돌았을까. 알코올 기운이 아니라 나의 모자란 어림짐작 때문에, 얼굴이 붉어졌다. 계속 들려오는 대화의 조각들이 맞춰지자 전혀 다른 그림이 나타났다. 남자의 직업은 타일공, 즉 조적공이었다. 그는 어떤 팀에 소속되어 현장을 뛰고 있었다. 팀장이 수당 배분(배당)을 불투명하게 처리하는 건 맞지만, 자신의 기술이 아직 독립할 만큼 무르익지 않았다는 것, 직접 영업을 뛸 자신도 없으니 지금은 그에게 더 배워야 한다는 것이 그들 이야기의 핵심이었다.

  이 무슨 일본 만화인 사카우에 아키히토 선생의 『에도의 장인들』 같은 이야기란 말인가. 나는 풀스파링에서 뒷손 훅을 맞은 듯 멍해졌다. 스킨헤드, 문신, 거친 단어. 내가 가진 몇 개의 조각으로 상대를 함부로 재단하고 어두운 세계의 인물로 낙인찍었다. 정작 어둡고 편협했던 것은 내 시선이었다. 그는 자신의 기술에 대한 신념과 미래에 대한 고민을 진지하게 이어가는 청년이었고, 나는 고작 외양만으로 한 사람의 삶을 멋대로 폄하한 속물에 불과했다.

국밥의 구수함도, 소주의 쓴맛도 모두 부끄러움이 되었다. 계산을 하며 저들의 술값까지 몰래 내버릴까, 수십 번을 고민했다. 하지만 그건 나의 오만과 편견을 사과하는 방식이 아니라, 그들의 대화를 엿들었음을 자백하는 또 다른 무례일 뿐이었다. 결국 나는 조용히 식당을 나와 숙소로 돌아와 잠을 청했다. 그날 밤, 오랜만에 꿈자리가 유난히 사나웠다. 이튿날 나는 일정보다 서둘러 바이크의 시동을 켰다. 엔진 배기음을 들으면 부끄러움이 사라질 것 같았다.

청산자산부존재 증명

A4용지 몇 장이 탁자 위에 놓여 있었다. 거기에는 '청산자산부존재 증명'이라는, 갑옷처럼 차갑고 단단한 제목이 박혀 있었다. 아파트 동대표 회의실의 형광등 불빛은 유독 서류의 흰빛을 부각하며 그 위에 인쇄된 활자들을 날카롭게 벼리고 있었다. 한 사람의 생애가, 그 마지막이, 이토록 건조한 단어들로 압축될 수 있다는 사실이 새삼스레 현실감을 부여했다.

사연은 간결했다. 노모와 함께 살던 중년의 남성이 사업 실패의 무게를 이기지 못하고 스스로 생을 등졌다고 했다. 그가 살던 아파트를 처분하고 남은 모든 것을 끌어모아도, 수천만 원의 빚이 허공에 남았다. 청산할 만한 자산은 부존재(不存在)했다. 존재하는 것은 오직 빚뿐이었다. 그리고 우리 앞에는 그의 마지막 흔적인 150만 원의 미납 관리비가 남았다.

우리는 이제 산 자의 의무를 다해야 했다. 그 150만 원을 어떻게 처리할 것인가. 누군가는 냉정한 숫자를 읊었다. 법적으로 공용관리비에 해당하는 19만 원은 아파트를 새로 낙찰받은 이에게 청구할 수 있다고 했다. 지극히 합리적이고 타당한 계산이었다. 우리는 그런 일을 처리하기 위해 모인 사람들이었다. 야박하다거나 매정하다는 수식어는 사치였다. 시스템은 그렇게 작동하고, 우리는 그 시스템의 톱니바퀴 중 하나일 뿐이었다.

　누구도 감상에 젖지 않았다. 아파트 관리소장님은 담담한 목소리로 후일담을 전했다. 홀로 남겨진 고령의 노모는 다행히 지방에 사는 따님이 모셔갔다고 했다. 그나마 다행이라는 안도와 함께, 낯선 곳으로 거처를 옮겨야 했을 한 노인의 스산한 마음이 먼 풍경처럼 스쳐 갔다. 아들의 마지막 흔적이 남은 집을 뒤로하고 떠나는 길은 어떠했을까. 평생을 기대어 살았던 아들이 남긴 것이 거대한 빚과 남은 이들의 어깨를 짓누르는 상실감뿐이라는 사실은 또 어떻게 감당하고 있을까.

　다음 날 복싱장으로 가기 위해 나는 주차장으로 향했다. 수소차인 넥쏘는 시동을 걸어도 아무런 소음도, 진동도 일으키지 않았다. 미래의 동력으로 움직이는 차는 고요한 침묵으로 나를 현실과 분리시키는 듯했다. 나는 아파트 단지를 빠져나오다 말고, 그가 살았던 동 앞 정자에 차를 세웠다. 10년 가까이 이 아파트에 살면서 나 역시 수없이 저 정자에 앉아 스마트폰을 보거나 아이들이 노는 모습을 멍하니 바라보곤 했다.

어쩌면 우리는 서로 얼굴도, 이름도 모른 채 저 정자의 같은 자리에 앉아 다른 시간의 무게를 견디고 있었을지도 모른다. 그는 저기 앉아 어떤 생각을 했을까. 무너져 내리는 사업, 불어나는 빚, 늙은 어머니의 주름진 얼굴을 떠올리며 콘크리트 건물의 어느 창을 무심하게 올려다보았을 것이다. 그의 절망이 얼마나 깊었는지, 그의 고독이 얼마나 무거웠는지 나는 감히 짐작할 수 없다. 그저 같은 공간을 공유했던 익명의 이웃으로서, 그의 마지막 시간을 상상해볼 뿐이다. 그가 내쉬었을 한숨이 아직 정자나무 잎사귀 사이를 떠도는 것만 같았다.

짧은 묵념을 마치고 다시 차를 움직였다. 차창 밖으로 익숙한 아파트 단지의 풍경이 스쳐 지나갔다. 수많은 창문들, 그 안에서 벌어지고 있을 각자의 희로애락. 우리는 서로의 삶에 대해 얼마나 알고 있을까. 옆집에 누가 사는지도 모른 채, 그저 엘리베이터에서 나누는 멋쩍은 목례가 관계의 전부인 도시의 삶. 그러다 어느 날 한 생명이 부서져 내리고 나서야 우리는 '청산자산부존재 증명'이라는 서류를 통해 그의 삶의 단면을 비로소 마주하게 된다.

죽음은 때로 이토록 행정적인 절차로 남는다. 한 인간의 고뇌와 절망, 사랑과 희망은 모두 소거된 채, 채무와 자산의 유무를 증명하는 몇 장의 종이로 귀결된다. 그것이 인생이라고, 누군가는 쉽게 말할지 모른다. 어차피 모든 것은 사라지고 잊히는 것이라고. 하지만 그 덧없음을 알기에, 우리는 지금 발 딛고 서 있는 이 삶의 순간을 더 소중하게 써 내려가야 하는 것이 아닐까. 서류 몇 장으로 환원될지언정, 그 서류가 작성되기까지의 모든 과정은 분명히 존재했던 실체적인 삶이었음을 기억해야 한다.

어제 회의에서 마주한 그 서류는 한 사람의 파산을 증명했지만, 역설적으로 우리 모두의 삶이라는 장부가 얼마나 위태로운 잔고 위에서 쓰여 있는지를 되묻게 했다. 어쩌면 우리가 진정으로 쌓아야 할 자산은 회계 장부에는 기록되지 않는 것들일지도 모른다. 서로의 이름을 묻고, 무심코 지나쳤던 이웃의 안부를 걱정하는 작은 관심. 차가운 서류 한 장으로 한 생애가 요약되기 전에, 그의 어깨를 두드려 줄 수 있었던 단 한 번의 온기 같은 것들 말이다. 그리하여 어느 누구의 삶도, 마지막에 이르러 '자산 없음'으로 증명되지 않도록 하는 것. 그것이야말로 그 차가운 서류가 우리 산 자들에게 남긴 진짜 의무일 것이다.

크립토나이트, 나의 금성 텔레비전

어둠과 음악이 눅눅하게 얽힌 엘피바(LP Bar) '영도다방'의 한쪽 구석에서 나는 시간을 보았다. 시간이 물질이라면 저런 모습일까. 1970년대 후반에 생산되었을, 미닫이문이 달린 금성(Goldstar) 흑백 텔레비전. 육중한 나무 몸체에 네 개의 매끈한 다리가 달려, 마치 가구처럼 기품을 지키고 있었다. 내가 아직 세상을 배우기 전, 우리 집 안방을 묵묵히 지키던 바로 그 물건이었다.

이것도 운명이라면 운명이다. 원래 없던 술자리였는데 친구 김승현의 부름을 받고 자리에 나가 보니 귀한 분들의 모임이었다. 동아리 선배들의 술자리에 처음 나간 신입생마냥 쭈볏쭈볏 거리며 진빔에 콜라를 타다가 저 텔레비전의 존재를 눈치채고 말았다.

저 갈색 상자 텔레비전이 비추던 세상의 첫인상(사실상 유일한)은 선명하고도 서늘하다. 어린아이의 눈높이에서 올려다본 화면 속에는 한 국가 지도자의 죽음이 검은 활자로 아로 새겨졌고, 얼마 지나지 않아 군복을 입은 단단한 모습의 다른 사내가 비장한 표정으로 무언가를 선언했다. 아이는 그 의미를 몰랐다. 다만 거실을 채우던 어른들의 무거운 침묵과 불안의 냄새를 통해, 세상에 어떤 균열이 생겨났음을 어렴풋이 짐작할 뿐이었다. 그 시절, 텔레비전은 종종 기쁨보다는 슬픔과 불안의 창구였다.

하지만 역설적이게도 그 불안한 시절을 살아가던 나의 부모님은 내 기억 속에서 가장 빛나는 모습으로 남아 있다. 이제 막 서른을 넘긴 아버지와 어머니. 그들의 젊음은 하루하루의 성실한 노동과 건강한 땀 냄새로 증명되었다. 온종일 일하고 돌아와 저녁상에 마주 앉은 그들의 얼굴에는 고단함보다 내일에 대한 막연한 희망이 서려 있었다. 그들은 가난했지만 결코 불행하지 않았고, 세상은 어지러웠지만 두 사람의 세계는 견고했다.

어느 맑은 일요일의 기억이 파편처럼 떠오른다. 아버지는 송탄 파라다이스 유원지에서 열린 충북향우회 야유회에 다녀오셨다. 지금은 지도 위에서 사라진 그곳, 사람들의 웃음소리와 고기 굽는 연기로 자욱했을 그 공간에서 아버지는 경품으로 무려 냉장고를 타 오셨다. 당시로서는 복권 당첨에 버금가는 행운이었다. 그날 골목에는 잔치가 벌어졌다. 이웃들이 우리 집으로 몰려와 제 일처럼 기뻐하며 막걸리 잔을 부딪쳤다. 훗날 들은 이야기로는, 그 향우회를 이끌던 이가 가수 박완규 씨의 부친이었다고 한다. 한 시대의 단면이란 이렇듯 기이하고 사소한 인연들로 촘촘히 엮여 있는 것이다.

나는 홀린 듯 텔레비전으로 다가가 손을 뻗었다. 45년의 세월을 건너뛰어 만져본 나무의 감촉은 서늘하고 단단했다. 미닫이 문짝의 격자무늬를 가만히 세어보았다. 몇 칸이었을까? 서른네 칸. 그토록 오랫동안 마음 한구석에 희미한 이미지로만 남아 있던 궁금증이 풀리는 순간, 나는 가벼운 현기증을 느꼈다. 시간의 중력이 나를 아득한 과거로 끌어당기는 듯했다.

문득 깨닫는다. 나는 이제 그 시절 냉장고를 받아 들고 아이처럼 웃던 서른 초반의 부모님보다 훨씬 나이가 많다. 심지어 그때 함께 살았던 외할머니의 나이에 가까워지고 있다. 시간이란 이토록 무심하고 절대적인 것인가. 한 인간의 생애를 통째로 삼키고도 아무 흔적을 남기지 않은 채 그저 흐르는 것인가.

슈퍼맨이 자신의 고향 행성에서 온 광물, 크립토나이트를 마주했을 때의 심정이 이러했을까. 사람들은 크립토나이트의 방사능이 슈퍼맨의 세포를 파괴하여 그를 약하게 만든다고 말한다. 하지만 나는 조금 다른 상상을 해본다. 지구의 약한 중력과 노란 태양 아래서 초인적인 힘을 갖게 된 칼-엘(Kal-

El). 그에게 크립토나이트는 단순한 약점이 아니라, 지울 수 없는 '고향의 중력' 그 자체는 아니었을까.

그 돌멩이 앞에서 그는 더 이상 신과 같은 슈퍼맨이 아니다. 크립톤 행성의 평범한 과학자 조-엘의 아들, 보통의 행성에서 보통의 삶을 살았을 '칼-엘'이라는 본래의 자신으로 돌아간다. 모든 능력을 잃고 한낱 필멸의 존재로 추락하는 그 순간, 그는 끔찍한 고통과 함께 아주 미세한 안도감이나 기쁨을 느끼지는 않았을까. 영웅의 운명이라는 무거운 갑옷을 잠시나마 벗어던지고 지극히 평범했던 고향의 기억 속으로 돌아가는 경험.

내 앞에 놓인 이 낡은 금성 텔레비전이 나에게는 크립토나이트다. 그것은 나의 육신을 약하게 하지는 않지만, 내 정신을 45년 전의 시간 속으로 무장해제시킨다. 어른으로 살아오며 쌓아 올린 경험과 지식, 냉소와 체념의 갑옷을 순식간에 녹여내고 나를 그 시절 부모님의 아들로, 외할머니의 손주로 되돌려 놓는다. 힘이 빠져나간 자리에 밀려드는 것은 상실감만이 아니다. 모든 것이 가능했던, 부모님의 젊음이 온 세상을 지탱해주던 시절에 대한 아릿한 그리움과 가슴 벅찬 기쁨이다.

영도다방의 스피커에서는 유재하의 노래가 흐르고 있었다. 나는 나의 크립토나이트를, 나의 시간을, 나의 사라진 고향을 오래도록 바라보았다. 그 네모난 상자 안에서는 여전히 나의 젊디 젊은 부모님이 환하게 웃고 있었다.

헐크호건 불멸의 사나이에게 보내는
작별 인사

응급의학과 의사이자 작가인 곽경훈 선생의 북토크가 있던 날이었다. 그의 신간 『곽곽선생뎐 2』를 기념하는 자리였다. 곽 선생은 오랜 시간 주짓수를 수련해온 단단한 몸을 가졌는데 그 탓에 종종 프로레슬러가 아니냐는 오해를 받는다고 했다. 그는 웃으며 손사래를 쳤지만 그 오해는 어쩌면 그에게 어울리는 훈장 같은 것일지도 모른다. 프로레슬러로 오해받는 의사와 진짜 프로레슬러인 내가 마주 앉았다. 대화는 자연스럽게 링 위의 신화로 흘러갔다. WWF(현 WWE)와 헐크 호건. 우리는 약속이나 한 듯 같은 이름을 입에 올리며 소년 시절의 흥분을 공유했다.

집으로 돌아와 무심코 휴대전화를 들여다본 순간, 나는 활자의 바다에 빠져 허우적거렸다. '헐크 호건 사망.' 세상에는 어울리지 않는 단어의 조합이라는 것이 있다. '영원한 이별'이라든가, '차가운 태양' 같은 것들. '헐크 호건의 죽음' 역시 그 중 하나일 터였다. 그의 별명은 '불멸(The Immortal)'이 아니었던가. 그런데 불멸의 사나이가 죽었다. 이토록 완벽한 모순이라니.

　어떤 일이 벌어지기 위해서는 수많은 우연이, 혹은 누군가의 말처럼 신의 섭리가 겹쳐야만 한다. 나의 유년기는 송신국민학교 교실 한편에 꽂혀 있던 계몽사의 그리스 로마 신화 전집과 함께였다. 제우스와 헤라클레스, 아폴론과 아테나. 올림푸스의 신들이 펼치는 장엄한 서사에 매료된 나는 닳고 닳은 책장을 매일같이 넘겼다. 아마 백 번은 족히 넘게 읽었을 것이다. 머릿속에서만 존재하던 그 장대한 신화의 세계가 현실에 구현된 것은 토요일 오후 브라운관(LCD가 아니라 정말 브라운관이다)을 통해서였다. AFKN 채널에서 방영되던 프로레슬링. 화면 속 사각의 링은 현대의 콜로세움이었고, 그 중심에 노란 트렁크를 입은 근육질의 사나이가 포효하며 서 있었다. 헐크 호건. 나는 직감했다. '이거구나.'

　소년의 세계는 그날로 완벽하게 재편되었다. 링 위의 신들은 그리스의 신들보다 더 생생하고 강렬했다. 그들은 땀 흘리고 고통스러워했으며 분노하고 환호했다. 그 세계에 온전히 경도된 나는 혹여나 방송이 결방되어 〈제너럴 호스피털〉 같은 드라마가 연이어 나올 때면 TV 앞에서 어설픈 영어로 욕설을 퍼부으며 세상을 원망했다.

그 신화에 대한 동경은 결국 내 삶의 경로를 설정했다. 이 모든 일들이 일어나기까지에는 실로 아찔한 우연의 연쇄가 필요했다. 청주 상당공원 앞 빵집에서 나의 부모님이 맞선을 봐야 했고, 군 제대 후 복학한 아버지가 4학년 때 어머니와 속도위반을 해서 본가로부터 쫓겨나듯 송탄에 신접살림을 차려야만 했다. 이 대목이 중요하다. 우리가 터를 잡은 곳은 미군부대 정문 바로 앞이었고, 덕분에 우리 집 텔레비전에서는 채널 2번 AFKN이 나왔다.

만약 이 '문화적 월담'이 불가능했다면, 만약 내가 실시간이나 다름없는(실제로는 2주 정도의 시차가 있었지만) 방송으로 그를 접하지 못했다면, 나는 아마 다른 세계에 빠져들었을 것이다. 「소년중앙」이나 「어깨동무」를 읽으며 선장이나 소방관, 혹은 의사 같은 '매우 불경한' 꿈을 꾸었을지도 모른다. 훗날 「소년챔프」 같은 만화잡지에 브로마이드가 실리고 비디오테이프로 경기가 출시되기까지는 1, 2년의 시간이 더 필요했다. 나는 그 누구보다 먼저, 가장 순수한 형태로 신의 강림을 목격한 행운아였던 셈이다.

그렇게 나는 과천 경마장에 세워진 특설 링에서 프로레슬러로 데뷔했고, 종합격투기 UFC와 프로레슬링 WWE의 해설위원이 되어 마이크를 잡았다. 그의 부고를 접하자, 문득 2015

년의 한 장면이 선명하게 떠올랐다. 레슬매니아 31을 앞둔 샌프란시스코 페어몬트 호텔. 전 세계 미디어를 위한 인터뷰 장소에서 나는 그를 아주 가까이서 볼 수 있었다. 화면 속에서 혹은 만화책 브로마이드 속에서만 존재하던 신이 불멸의 육신을 가지고 내 눈앞에 서 있었다. 생각보다 크지 않다고 느꼈던 것도 잠시였고, 그의 몸에서 뿜어져 나오는 압도적인 존재감 앞에서 나는 그저 어린 시절의 소년으로 돌아갈 뿐이었다.

  그가 없었다면 지금의 나는 존재하지 않는다. 이것은 과장이 섞인 팬의 예찬이 아니라, 담담한 사실의 기록이다. 링 위에서 포효하던 한 사나이가 지구 반대편의 작은 마을에 살던 소년의 인생을 통째로 바꾸어 놓았다. 그는 내 유년의 신이었고 청년의 이정표였으며 중년이 된 지금의 나를 있게 한 거대한 뿌리였다.

  곽 선생과의 북토크에서 시작된 상념은 불멸의 사나이가 떠났다는 소식과 함께 하나의 거대한 마침표를 찍는다. 그는 떠났지만 그가 만든 세계는 여전히 수많은 소년들의 가슴속에서 살아 숨 쉴 것이다. 내가 그랬던 것처럼.

  잘 가시라, 헐크 호건.

복서 강지숙론
— 끝이 있기에 오늘을 잡는다

경남 사천에서 도 대표 선발전을 막 치르고 일산으로 돌아온 지 사흘밖에 되지 않았다는 강지숙 관장을 만났다. 사각의 링 위에서 온몸의 혈을 다 터뜨리는 격전을 치른 이의 피로감보다는 마침내 '도 대표'를 쟁취한 자의 충만한 기쁨이 그의 얼굴에 역력했다. 자리에 앉기가 무섭게 그는 다가올 전국체전 선발전과 국가대표 3차 선발전의 계획을, 마치 오랫동안 준비해온 전투 계획을 브리핑하는 노련한 장수처럼 쏟아냈다. 그 눈빛에서 나는 시간의 흐름을 거스르려는 자의 치열한 의지를 보았다.

 그가 권투 글러브를 처음 낀 것은 온 세상이 멈춰버린 코로나 직전이었다. 아버지의 사업을 도우며 12년 가까이 거의 같은 풍경 속에서 같은 일을 반복하던 시절. 그는 자신의 소셜미디어 아이디를 '노잼인생'이라 지었다. 그 짧은 단어에 얼마나 많은 날들의 권태와 무력감이 응축되어 있을까. 그러던 어느 날 야쿠쇼 코지가 영화 〈쉘 위 댄스〉에서 춤 교습소의 창문에 비친 여인의 실루엣에 이끌렸듯, 그는 우연히 본 복싱 도장의 간판에 홀린 듯 들어갔다. 그것은 삶의 무미건조한 리듬을 깨는 완전히 이질적인 세계로의 문이었다.

묵직한 미트와 샌드백을 두드리는 타격음, 그 소리에 맞춰 격렬하게 상승하는 심박수. 그는 육체가 만들어내는 가장 원초적인 소리와 감각 속에서 살아 있음을 느꼈다. 땀으로 범벅이 되어 링 바닥에 주저앉았을 때 비로소 정신이 맑아지는 역설적인 희열. 그것은 12년의 '노잼인생'이 단 한 번도 그에게 허락하지 않았던 종류의 것이었다. 하지만 운명은 그리 쉽게 새로운 길을 허락하지 않는 법이다. 스파링 도중 상대의 주먹에 그는 코뼈가 내려앉는 큰 부상을 입었다. 여성으로서, 더구나 일상생활을 영위해야 하는 사회인으로서 얼굴에 남는 부상은 단순한 통증 이상의 깊은 상흔을 남긴다. 그는 그곳을 나왔다.

그러나 이미 그는 복싱이라는 언어를 기억하고 있었다. 잊을 만하면 귓가에 맴도는 글러브가 바람을 가르는 소리, 손끝에 남아 있는 샌드백의 타격감, 꽉 쪼여진 복싱화가 링을 밟을 때의 촉감, 아드레날린이 가득한 체육관에서 풍기는 체취. 결국 그는 복싱의 매력을 떨치지 못하고 지금의 체육관에 새

둥지를 틀었다. 이윽고 처음 나간 생활체육대회. 결국 판정으로 이겼지만 그는 승리의 기쁨보다 자신의 부족함에 대한 실망감에 휩싸였다. '고작 이 정도 하려고 그 고생을 했나.' 그만둘까 하는 생각마저 들었다. 어쩌면 그것이 평범한 이들이 택하는 합리적인 길이었을 것이다. 하지만 그는 문득 '끝'을 보고 싶었다. 이 길의 끝에 무엇이 있는지, 자신의 한계가 어디까지인지를 확인하고 싶었다.

그리하여 2년 전 그는 생활체육의 세계를 떠나 아마추어 엘리트의 세계로 뛰어들었다. 그것은 단순한 무대 변경이 아니었다. 그는 링 위에서 주먹을 맞대는 시간보다 링 밖에서 자신의 차례를 기다리는 대기의 시간이 훨씬 더 처절했다고 고백했다. 경기를 앞둔 다른 선수들의 얼굴은 감히 쳐다볼 수도 없었다. 그 살벌한 긴장감만큼은 시간이 지나도 좀처럼 나아지지 않았다. 하지만 링 위에선 달랐다. 설령 경기에서 지고 있더라도 단 한 번도 포기한 적은 없었다. 시작할 때 마음먹었던 대로 끝을 봐야 했으므로. 훈련량의 차원도 시합의 질도 선수들의 마음가짐도 모든 것이 다른, 그야말로 다른 차원의 세계였다.

대회에 나가면 그는 늘 최연장자다. 얼추 십수 년 차이 나는 선수와 주먹을 맞대야 할 때도 있다. 상대의 젊음과 탄력은 그 자체로 위협적인 무기다. 나 역시 50대의 나이로 여전히 링에 오르고 젊은 선수들과 몸을 섞기에 그가 느끼는 그 시간의 무게를 안다. 젊은 선수들의 눈에는 내일과 모레 그리고 수많은 다음 기회가 있지만, 우리 같은 선수들의 눈에는 오직 '오늘'만이 있을 뿐이다. 모든 스텝, 모든 펀치에 마지막일지 모른다는 절박함이 실린다.

일본의 화가 가츠시카 호쿠사이(葛飾北齋)의 목판화 〈가나가와의 거대한 파도 아래〉를 떠올린다. 집채만한 파도가 모든 것을 집어삼킬 듯 포효하는 장대한 광경과 그 너머로 보이는 고요한 후지산의 위용에 사람들은 가장 먼저 압도당한다. 그러나 시선을 옮겨 그림을 자세히 들여다보면, 그 거대한 파도의 끝자락 아래 위태롭게 떠 있는 작은 배 세 척이 보인다. 그리고 그 안에는 거대한 자연의 힘 앞에서 살아남기 위해 필사적으로 노를 젓고 몸을 숙인 어부들이 있다. 세상의 시선은 거대한 파도와 장엄한 후지산에 머물지만, 그림의 진짜 주인공은 이름 모를 어부들의 처절한 투쟁이다. 투지란 그런 것이다.

강지숙의 싸움이 그렇다. 시간이라는 거대한 파도, 젊음이라는 거센 물결 앞에서 그는 작은 배에 올라탄 어부와 같다. 사람들은 국가대표라는 후지산을 바라보거나 나이 마흔에 도전하는 복서라는 자극적인 파도에만 주목할지 모른다. 하지만 진짜 이야기는 그 안에서 벌어지는 그의 필사적인 투쟁 그 자체에 있다. 승패와 상관없이, 링 위에서 자신의 모든 것을 걸고 벌이는 그 투쟁이야말로 그가 '노잼인생'이라는 거대한 파도를 넘어왔다는 증거다. 그 투쟁의 가장 날카로운 무기는 교과서처럼 정직하면서도 강렬한 그의 원투 펀치다.

과연 그는 국가대표가 될 수 있을까. 사람들은 흔히 '카르페 디엠(Carpe Diem)'을 '인생을 즐겨라'는 막연한 쾌락주의의 표어로 오해한다. 하지만 호라티우스의 시에 담긴 본래 의미는 '오늘을 붙잡게나. 내일이라는 말은 최소한만 믿고(Carpe diem, quam minimum credula postero)'이다. 그것은 불확실한 미래에 대한 헛된 기대를 버리고 지금 손에 잡히는 이 순간에 모든 것을 걸라는 준엄한 명령이다.

강지숙은 그 누구보다 '카르페 디엠'의 본질을 몸으로 실천하고 있다. 그의 도전은 단순히 타이틀을 향한 것이 아니다. 그것은 과거의 자신과 결별하고, 유한한 시간 속에서 가장 빛나는 생의 감각을 느끼려는 한 인간의 투쟁이다. 그가 링 위에서 쏟아내는 땀과 거친 숨결은, 끝이 있기에 더욱 치열하게 오늘을 붙잡으려는 인간 의지의 가장 뜨거운 증거다. 결과가 어떻든, 그는 이미 거대한 파도 아래에서 묵묵히 노를 젓는 자로서 자기 자신의 서사를 완성해가고 있다.

사각의 링 그리고 우리들의 계절

이제 밝음을 한껏 머금은 아침의 공기, 로봇 청소기가 바닥을 훑는 소리 , 그리고 지루하게 반복되는 샌드백 타격음. 우리의 계절은 늘 그런 익숙한 감각들로 시작되었다. 생활체육 복싱대회라는 명확한 목표가 있었지만, 사실 우리에게 중요했던 것은 그 너머의 어떤 것이었으리라. 매일 아침 각자의 삶에서 잠시 빠져나와 링 위에서 온전히 자신과 마주하는 그 고독한 의식 말이다.

고양초등학교 강당 대회장의 공기는 낯설었다. 익숙한 체육관의 냄새 대신 파스와 끓어오르는 긴장감이 뒤섞여 있었다. 링 위를 비추는 조명은 유난히 뜨거웠고, 그 빛의 원 안에 선다는 것은 세상의 중심에 서는 것과도 같았다. 우리는 그 원 안으로 동료를 들여보냈고, 또 등을 떠밀어 맞아들였다.

승리한 동료가 있었다. 마지막 라운드 공이 울리고 심판이 그의 손을 들어 올리는 순간, 폭발하는 환호 속에서 그는 잠시 길을 잃은 사람처럼 허공을 응시했다. 그 짧은 찰나의 표정 위로 지난 몇 달간의 새벽이, 땀으로 얼룩진 셔츠가, 악착같이 참아냈을 고통의 시간들이 파노라마처럼 스쳐 지나갔다. 그의 승리는 단순히 한 개인의 영광이 아니었다. 그것은 샌드백을 함께 붙잡아주고 스파링이 끝난 후 서로의 어깨를 두드려주었던 우리 모두의 승리였다. 그의 어깨 위에서 우리는 함께 웃었다. 안도의 한숨과 뒤섞인, 세상에서 가장 가벼운 웃음이었다.

패배한 동료도 있었다. 경기가 끝나고 헤드기어를 벗는 그의 얼굴은 땀과 눈물로 번들거렸다. 누구도 쉽게 말을 걸지 못했다. 어떤 위로의 말도 그 순간의 적막을 깨뜨릴 만큼의 무게를 갖지 못한다는 것을 우리는 본능적으로 알았다. 그는 강당 벽에 기댄 채 한동안 고개를 들지 못했다. 나는 그의 굽은 등에서 한 인간이 자신의 한계와 정직하게 마주한 뒤의 숭고함을 보았다.

세상 모든 싸움이 그러하듯, 승패는 갈렸다. 하지만 우리는 알고 있다. 링 위에 오르는 순간, 우리는 이미 일상의 패배주의와 무기력을 넘어선 승자라는 것을. 아침잠의 유혹을 이기고, 근육의 통증을 견디고, '이만하면 됐다'는 자기기만의 속삭임을 외면한 채 기어이 체육관으로 향했던 모든 날들이 우리의 진짜 승리였다. 링 위의 결과는 그 기나긴 싸움의 작은 마침표일 뿐이다.

　톨스토이가 안나 카레니나의 첫 문장에서 '행복한 가정은 모두 엇비슷하지만, 불행한 가정은 저마다의 이유로 불행하다'라고 썼던가. 어쩌면 승리의 기쁨은 비슷할지 모른다. 하지만 패배의 아픔은 저마다의 무게와 모양을 가진다. 상대의 주먹이 아팠던 것이 아니라, 연습했던 대로 몸이 움직여주지 않았던 자신에 대한 실망이 더 아팠을 것이다. 체력이 고갈되었을 때, 한 걸음 더 나아가지 못했던 자신의 의지를 원망했을 것이다. 그 깊고 내밀한 좌절의 방으로 타인이 함부로 들어갈 수는 없다.

　그러나 주장의 역할이란 그저 문밖에서 조용히 기다려주는 것일지도 모른다. 문이 열리고 그가 걸어 나올 때, 아무 말 없이 어깨를 내어주는 것이다. "괜찮다"는 성급한 위로나 "다음엔 이길 수 있다"라는 공허한 격려 대신, 땀과 눈물로 축축한 그의 어깨를 그저 묵묵히 감싸안는 것이다. 우리의 동료애는 바로 그 침묵의 순간에 가장 단단해진다.

　우리는 왜 이 아픔을 자처하는가. 어쩌면 우리는 알고 싶었던 것일지 모른다. 보호구 뒤에, 정해진 규칙 안에 자신을 밀어 넣었을 때 비로소 마주하게 되는 맨얼굴의 자신을. 우리는 매일 각자의 링 위에 오른다. 누군가는 회의실의 테이블을, 누군가는 하루종일 운전대를, 누군가는 컴퓨터의 깜빡이는 커서를 마주하며 보이지 않는 싸움을 계속한다. 그 싸움에서 우리는 수없이 지고, 아주 가끔 이긴다.

그래서 우리는 다시 체육관으로 돌아갈 것이다. 승리한 자는 그 환희가 얼마나 덧없는지를 알기에, 패배한 자는 그 아픔을 딛고 일어서는 법을 배워야 하기에. 우리는 다시 땀 흘리고, 주먹을 뻗고, 서로의 눈을 보며 스텝을 밟을 것이다. 어제의 승리와 오늘의 패배가 모두 뒤섞여 내일의 우리를 단단하게 만들 것임을 알기 때문이다.

대회가 끝난 뒤, 우리는 본관 근처의 중국집에 마주 앉았다. 승자의 얼굴에는 겸허함이, 패자의 얼굴에는 담담함이 깃들어 있었다. 우리는 소주잔을 부딪쳤다. '쨍'하는 맑은 소리가 우리가 함께 통과해 온 계절의 소리처럼 들렸다. 그래, 이것으로 충분하다. 승리의 영광도 패배의 상처도 결국 이 한 잔의 술과 동료의 얼굴 앞에서 스르르 녹아내린다. 다시 우리들의 계절이 시작될 것이다. 링의 종소리는 또 울릴 것이고, 우리는 기꺼이 함께 그 소리를 향해 걸어 나갈 것이다.

맺음말
내 방으로 들어온 친구에게

언제부터인가 우리 곁에서 사라진 습속이 있습니다. 친구 집에 놀러 가면 으레 앨범을 꺼내어 보던 일입니다. 대부분의 집에는 갈색 무늬목으로 마감된 장식장이 있었고, 그 안에는 한 가족의 시간이 두툼한 앨범 속에 차곡차곡 꽂혀 있었습니다. "앨범 보여줄까?" 친구의 그 한마디는 단순한 질문이 아니었습니다. 자신의 세계로 들어오는 것을 허락하는, 수줍지만 진심 어린 초대장이었습니다.

 사진 한 장 한 장을 넘길 때마다 친구는 구구절절 집안의 내력을 풀어놓았습니다. 가족 여행에서 있었던 시시콜콜한 다툼, 빛바랜 흑백사진 속 낯선 젊음의 부모님, 그리고 중동의 건설 현장에서 머리에 터번을 두른 채 현지인과 어깨를 나란히 한 아버지의 조금 더 큰 사진 같은 것들 말입니다. 한때 우리 집 앨범에는 대우 르망 자동차 앞에서 정장을 빼입은 아버지 사진이 '센터'를 차지하기도 했습니다. 이렇게 앨범을 공유하면 너와 나에서 우리가 됩니다. 우리는 서로의 내력을 부끄럼 없이 공개하며, 더 가까워졌습니다. 사진 속의 시간은 더 이상 친구 혼자만의 것이 아닌, 우리의 공유된 기억이 되었습니다.

어쩌면 이 책에 모인 글들은, '김남훈'이라는 사람의 방에 들어온 당신에게 보여주고 싶은 저의 앨범인지도 모르겠습니다. 어떤 페이지에서는 링 위에서 환호하던 순간의 기억에 짐짓 어깨에 힘이 들어갑니다. 또 다른 페이지에서는 어설펐던 실수와 서툴렀던 선택 앞에서 부끄러움에 고개를 들지 못하기도 합니다. 제 삶이라는 앨범에는 챔피언 벨트의 눈부신 광채뿐만 아니라, 아무도 보지 않는 체육관 구석에서 흘렸던 막막한 땀방울과 링 아래서 삼켜야 했던 무수한 상념의 얼룩도 고스란히 담겨 있습니다.

하지만 당신은 기꺼이 제 방의 문턱을 넘어 들어와 준 친구이기에, 이 모든 것을 전부 보여주고 싶었습니다. 한 대 맞기 전까지는 누구나 그럴싸한 계획이 있다는 타이슨의 말처럼, 삶은 종종 우리의 계획을 비웃으며 예기치 않은 카운터펀치를 날려옵니다. 이 글들은 어쩌면 그 펀치를 맞고 휘청거리면서도, 끝내 쓰러지지 않고 다시 두 주먹을 그러쥐기까지의 기록일지 모릅니다.

이 앨범을 덮을 즈음, 당신의 마음속에 어떤 풍경이 남을지 저는 알지 못합니다. 다만 바라건대, 이 책의 마지막 장을 덮은 당신이 잠시나마 타인의 삶을 깊숙이 들여다보는 그 오래된 온기를 느낄 수 있었으면 좋겠습니다. 그리고 당신의 앨범 속 어느 한 페이지를, 저에게도 슬쩍 보여주고 싶다는 마음이 들었으면 더할 나위 없겠습니다. 먼지 쌓인 앨범의 묵직함을 손끝으로 느끼며 함께 시간을 통과해준 나의 친구, 당신에게 깊은 감사를 전합니다. 우리의 라운드는 아직 끝나지 않았습니다.

포기할까 했는데 아직 3라운드

1판 1쇄   2025년 9월 28일

지은이   김남훈
편집   김효진
교열   이수정
디자인   최주호
펴낸곳   마르코폴로
등록   제2021-000005호
주소   세종시 다솜1로9
이메일   laissez@gmail.com
페이스북 www.facebook.com/marco.polo.livre

ISBN   979-11-92667-99-7 43300

* 책 값은 뒤표지에 있습니다. 잘못된 책은 교환하여 드립니다.